J'ÉCRIS TON NOM

SYLVESTRE SBILLE

J'ÉCRIS TON NOM

roman

POINTILLÉS Belfond

Belfond | un département **place des éditeurs**

place
des
éditeurs

À Mam et Pépé

Peu après vingt-deux heures le 19 avril 1943, dans le bois de Boortmeerbeek près de Louvain, trois jeunes hommes posèrent une lanterne rouge sur une voie de chemin de fer. Ils étaient venus à vélo depuis Bruxelles. L'un d'eux portait un pistolet emprunté quelques heures plus tôt, chargé de sept balles. Les deux autres étaient armés de pinces coupantes. Le train qu'ils voulaient arrêter venait de partir de la caserne Dossin, à Malines, et transportait 1 631 passagers. Le convoi était attendu le surlendemain, à Auschwitz.

1

Toute famille possède sa part de légende. Très tôt, il est apparu que Youra serait une espèce de messie, d'élu. Cela tenait de la certitude, du fait, non pas accompli, mais à accomplir. Premier signe : il est le produit d'une immaculée conception. Les autres possèdent une famille au grand complet, avec oncles et tantes, parrains, marraines, un père et une mère pour la symétrie. Lui, il est le fruit d'une mère seule. Son père est resté dans ce lieu lointain et mystérieux, de l'autre côté de l'Europe, qui porte un nom de légende : Bessarabie. La mère a pris ses deux fils, un sous chaque bras et, comme la louve romaine, elle a erré jusqu'à trouver un lieu où s'installer.

Youra et Choura sont élevés à l'écart du monde, dans une réalité différente, tissée de magie, de merveilleux, de fables. Parfois ils en sont les héros. Leur mère les baigne dans l'art, les symboles, les livres anciens, les idées. On leur parle toutes les langues, et ils répondent. Dans ce monde-là, c'étaient les mères qui élevaient leurs fils, et quand quelque chose n'allait pas, à cause de la violence conjugale, des gouvernements, des guerres ou des sentiments, on changeait de pays.

L'argent n'était pas un problème. Le problème eût été de vivre chichement, sans croire en la toute-puissance de la beauté.

Un jour la famille arrive dans un étrange petit pays dont les grandes nations, en se partageant l'Europe, n'ont pas voulu. Ils l'ont laissé au milieu du jeu de quilles, en se disant qu'on verrait bien. À Bruxelles, une grande ville avec des trams, on s'exprime en français. C'est dans cette langue que leur mère leur parle depuis qu'ils sont petits, au point qu'ils ont longtemps cru que c'était leur langue à eux. Quand ils ont entendu les rues pleines de ce français prononcé avec un drôle d'accent, ils ont trouvé ça bizarre ; choquant. Rachel leur avait expliqué que c'est dans cette langue qu'elle-même avait été élevée, là-bas, à l'Est, par une demoiselle venue spécialement de France. C'est dans cette langue aussi qu'elle avait étudié, autrefois, à Paris. Elle avait choisi le français pour eux parce que c'est la langue idéale pour parler des choses qui comptent, le raffinement, les idées, la liberté, l'amour.

Alors on reste à Bruxelles. Rachel a trouvé des gens qui croient tous à un avenir meilleur, une nouvelle voie pour l'homme grâce à la théosophie. On cherche ensemble un sens à la vie et une route spirituelle. Surtout, on vit dans de grandes maisons lumineuses, on partage les tâches, l'argent, les citations, les réflexions. Et parfois les lits. Les enfants forment des groupes heureux, qui courent et qui dessinent. Au milieu des chants, des danses, des après-midi et des veillées, Youra et Choura entendent des mots, des noms qui font rêver. Grimm et ses contes, Rudolf Steiner, Krishnamurti.

Parfois arrivent des gens qui parlent allemand. L'allemand réveille en eux des souvenirs, car cette langue correspond à un moment important : quand ils ont quitté leur pays et qu'ils ont vu leur père pour la dernière fois. Rachel possède beaucoup de livres en allemand. Mais l'Allemagne fait peur, parce que là-bas règnent Hitler et ses sbires. C'est lui que fuient les gens qui débarquent et qu'on accueille pour quelques nuits. Hitler est en train de vider l'Allemagne d'elle-même, les contes, la magie des lieux, ces bibliothèques où tant de penseurs ont réfléchi, les chapelles où Bach jouait chaque jour un autre air.

Youra est juif. Mais il n'est pas juif comme son ami Gabriel, qui doit apprendre par cœur des prières compliquées en araméen sans rien y comprendre. Rachel et ses fils ne pratiquent pas. La spiritualité vraie ne s'enferme pas dans des rites millénaires faits pour modeler la pensée et les émotions. Mieux vaut continuer à chercher avec les théosophes. On ne pratique pas, mais on est juif quand même, ce qui veut dire qu'on tombe dans le même sac que Freud, Einstein, Stefan Zweig et Gustav Mahler. Leurs ancêtres sont tous venus de Judée il y a bien longtemps et se sont retrouvés ici ou là. Avec des idées différentes, un style de vie différent, parfois très religieux, parfois pas, mais une origine commune, malgré les années, et les pays.

Youra va à l'école, où on lui raconte tout ce qui fait le monde, en français, et c'est un plaisir chaque jour renouvelé que d'entendre les gens parler cette langue, et rire dans cette langue. Ça lui rappelle la langue secrète de sa tendre enfance, ce français qui pendant si longtemps leur fut réservé, à eux et à leur mère. Eux, leur mère, et quelques initiés qu'ils croisaient sur leur route, à Kiev, à Cracovie, à Odessa.

À l'école, Youra est bon élève ; les adultes aiment parler avec lui. Tout l'intéresse, et surtout les idées, qui sont aussi des aventures. Chaque nouvelle notion développée un jour par un humain le fascine, car elle lui raconte des choses intimes sur les autres et sur lui. Le matin, il traverse à pied le parc du Wolvendael pour rejoindre l'école et ses amis. Il n'est jamais seul car des héros marchent à ses côtés, certains sortis de films et de livres, d'autres surgis des siècles. Sa mère lui a bien dit de ne pas choquer les enseignants avec des remarques acerbes ou un ton suffisant. De ne pas parler de Spinoza, ni de *La Légende des siècles*, ni d'Odessa, ni des demeures qu'on possédait là-bas autrefois. Il y a des choses que les enfants ne savent pas, ne disent pas. Rachel leur a toujours parlé comme à des égaux, comme à des amis, des interlocuteurs capables de comprendre. C'était plus agréable pour tout le monde, et puis les enfants nous sont supérieurs en tout, comme l'a si bien expliqué Rudolf Steiner.

Youra aime les mathématiques, car elles possèdent un caractère parfait qui est très séduisant. Mais il aime aussi l'histoire, car l'histoire possède un caractère imparfait, plus séduisant encore. Parfois, après la classe, il reste pour parler avec les professeurs, qui lui conseillent des livres. Youra les lit, en parle avec sa mère, avec son grand frère, avec les amis de la Société de théosophie, les soirs d'été, sur la terrasse de la grande maison que tous partagent. Son frère fréquente déjà l'université et lui a expliqué Bergson, et Berkeley, et tous les penseurs qui disent que le monde n'existe que parce qu'une intelligence le pense. Et depuis, Youra jongle avec cette idée, même quand c'est son jour de vaisselle. Et surtout ce jour-là. Chaque verre, chaque assiette est un monde où il se perd. Si la Terre était dépourvue d'humains, est-ce que ça enlèverait le droit à l'existence des baleines, et des éléphants, et des millions de poissons, et des milliards de fourmis ? C'est bien une idée d'homme, pense Youra. Que dirions-nous si les fourmis décidaient que nous n'existions pas sous prétexte qu'elles ne nous pensent pas ?

Youra dévore. Il lit l'allemand, le roumain, et bien sûr le russe. Il a appris le latin et le grec, parce que c'est décidé : il sera médecin. Après le secondaire, les élèves de l'Athénée d'Uccle s'inscrivent à l'Université libre, de l'autre côté du bois de la Cambre, un lieu comme surgi d'un rêve, avec une bibliothèque qui remplit tout un bâtiment. Des livres, des livres, des livres, et des idées, des connaissances, des professeurs. Et la liberté de critiquer tout ce qui a déjà été dit, tout ce qui a déjà été écrit, à condition de critiquer intelligemment.

Parfois, Youra pense qu'il aurait pu venir au monde à une autre époque, et qu'il n'aurait rien su de tout ça. Parfois, il pense que le hasard aurait pu les conduire ailleurs. Dans une ville normale, sans les amis, sans l'athénée, avec juste des trams et des arbres et des gens. Une ville normale où les choses ne seraient pas venues prendre place de la même manière, où tout aurait été pareil mais pas tout à fait : moins clair, moins vrai. Comme à travers un voile. Souvent, le soir, Youra sent le voile qui se dépose sur les choses, qui menace, qui imprègne, et qui rend tout plus simple, tellement moins intéressant. Sous le voile, les existences sont banales ; les jours coulent, les enfants grandissent, les ventres ont faim, sont nourris, les gens se marient et meurent. Youra plaint tous ceux qui vivent sous le voile. Il en croise des centaines chaque semaine dans les rues et les trams, il voudrait tellement pouvoir faire quelque chose pour eux. Le messie se réveille en lui, il aimerait leur montrer la voie. Leur dire tout ce qui existe sous la surface, que sa mère lui a montré, ses professeurs, les auteurs des livres. Il voudrait être leur guide, sans prétention, sans méchanceté, juste leur dire ce qu'il sait. Les lignes de force sous la réalité, qu'il voit. Le pourquoi. Ce qui est obscur la première fois qu'on le regarde. Qu'on ne comprend jamais tout à fait, mais qui est là.

Certains jours le voile est partout, il s'est insinué, c'est comme s'il faisait partie de la trame des choses ; il ne disparaîtra plus jamais. Au cœur de son paradis, Youra doit accepter cette fatalité qui lui pèse sur le torse. Le signe qu'il vieillit. Tout est futile. La vérité ne mène à rien, sinon au constat suprême d'une étroitesse. Méprisable. Obscène. Les héros de Dostoïevski, livre après livre, sont devenus ses frères un peu malgré lui. Les lâchetés d'un Dimitri. Les doutes d'Aliocha. La vanité. Alors il se console avec l'image de l'artiste au travail. Fiodor Mikhaïlovitch, à sa table, qui cherche à raconter de la bonne manière, et qui sauve pour un instant les hommes de leur misère en disant la misère avec génie.

Pendant ses études de médecine, Youra, jamais seul mais souvent solitaire, a compris qu'il y avait mieux encore que les mathématiques et que la philosophie : il y a la littérature, la poésie. Pas de règles, pas de concepts, juste l'évidence des mots qui ricochent et qui créent des images plus fortes que toutes les formules, tous les discours. C'est un peu ce que cherchaient les amis de sa mère, quand ils déblatéraient des nuits entières : le sens caché des choses. Les mots peuvent nous révéler tout ça magiquement, quand ils sont maniés par les poètes, qui sont des prophètes, des visionnaires, les vrais élus.

Youra ne croit pas en Dieu. Tout ça le fait sourire désormais. Il pratique une compassion où se mêle un rien de suffisance : il est à l'âge où on est déjà fatigué des tièdes. Des mous. Des faibles. Des bourgeois. Et même des amis qui s'installent dans la vie, font des concessions et des enfants, et ont cessé de chercher un sens. Ils sont en train de rejoindre, lentement mais sûrement, la grande cohorte de ceux qui ont abdiqué.

Aujourd'hui, 19 avril 1943, Youra a vingt-cinq ans. Il est médecin mais il n'a pas le droit d'exercer. Hitler est en Belgique, le petit tyran d'Allemagne règne sur une Bruxelles où à présent on traque les Juifs. L'université a préféré fermer ses portes que d'accueillir des professeurs soumis à l'Ordre Nouveau. Youra n'est plus tout à fait aussi sûr de lui. Même si, enfouie quelque part au milieu des connaissances, de la poésie, des médiocrités, il lui reste une certitude héritée de son enfance. Alors qu'il appuie comme un fou sur les pédales de sa bicyclette pour venir à bout de la chaussée d'Ixelles, et que le voile, de plus en plus souvent, s'impose à lui, Youra reste celui à qui sa mère a transmis cette vérité fondamentale : le monde attend quelque chose de lui.

2

Lorsque Malka aperçoit Youra dans la foule, il est en grande conversation. Avec un gamin qui vend des brosses. Malka soupire. Non mais sérieusement ? Il est le seul à ne pas l'avoir vue, toute la rue se retourne sur son passage parfumé, ses chaussures vernies, sa fourrure et sa démarche de sultane. Elle va devoir interrompre leur petite conversation, et peut-être même échanger quelques mots avec le gamin. Car on ne sait jamais ce que nous réserve ce grand homme avide de toutes les formes de vie, et qui est son ami.

— Où est-ce que tu m'emmènes ?

Youra se retourne, balai en main, comme s'il allait nettoyer la rigole.

— Malka !

Youra tend les bras. Il ne va pas l'embrasser en brandissant sa brosse, si ? Apparemment si. Malka sent le bois dans son dos et les picots sur la soie de ses mollets. Face à elle, le gamin aux brosses écarquille les yeux, ému par autant de beauté aux abords de sa charrette. Il a déjà vu des affiches d'actrices américaines : Claudette

Colbert, Paulette Goddard. Mais celle-ci respire le même air que lui.

— Tu veux une brosse ?

Elle le savait. Ce serait plus fort que lui. Les contrastes ont toujours fait rire Youra, alors pourquoi pas celui-ci ?

— Je te remercie.

— Merci oui ou merci non ? Il y en a une, regarde, idéale pour les coins. On l'a parfaitement en main. Pour ta buanderie ?

Malka sourit. Que faire d'autre ? Le gamin, bouche grande ouverte, gobe les mouches. Les gens s'arrêtent et s'intéressent à ces brosses qui semblent attirer, pour une raison inconnue, du si beau monde.

Cinq minutes plus tard ils sont assis au café. Malka a ôté la pelisse au col en zibeline qu'elle arbore encore, malgré avril. À présent c'est au tour du serveur de s'émerveiller. Il connaissait les pyramides et les jardins suspendus de Babylone, mais là c'est la huitième. La huitième merveille du monde est assise dans son bistrot. D'un instant à l'autre il se pourrait même qu'elle lui commande à boire.

Mais Malka ne le voit pas : la merveille n'a d'yeux que pour Youra. Son ami. Son ami d'enfance qu'elle fréquente beaucoup trop peu. La seule personne qui sache tout d'elle ; presque tout. Parce que Malka n'est jamais vraiment transparente, ni à ses propres yeux, ni pour le reste du monde.

— Alors, on est de sortie malgré Pessah ? demande Youra. Et ton *gefilte fish*, qui va s'en charger ? Tu fais honte à ta race.

— Mais écoutez-le ! Impie toi-même, Monsieur Mauvaise-Conscience. J'ai pris mes distances, figure-toi.

— Moi aussi. Il est grand temps de réévaluer la profondeur de ma foi.

Le garçon de café attend toujours, mais il n'interrompt pas. Il emmagasine les détails, les cils, les ongles, la voix ; pour plus tard dans la solitude.

Malka aussi emmagasine. On a beau posséder tous les lustres de la beauté, on a aussi dans la poitrine un petit cœur qui se met à battre plus vite, parfois ; comme quand Youra remet sa mèche en arrière d'un geste désinvolte et plonge en lui-même, à l'affût d'une foi perdue.

— Tu crânes, dit Malka. Je le sais bien. Tu aurais pu devenir un grand rabbin.

— Un rabbin ?

Youra se fige en une mine de surprise et d'affliction.

— Tu possèdes l'esprit le plus affûté de tout Bruxelles, insiste Malka.

— Merci. Mais... un rabbin ?

— Parfaitement.

— Mais c'est l'insulte suprême. Malka... La religion est un leurre absolu. Une religion révélée, en plus.

— C'est la nôtre je te rappelle. Je te faisais un compliment. Tu le sais très bien.

Entre eux, pas de faux-semblants. C'est le serment tacite qu'ils se sont prêté quand ils avaient douze ans. Youra appelle Malka « la Femme fatale » avec un soupçon de moquerie ; et elle tolère l'appellation, car les mots viennent de lui. Il parle de sa séduction comme d'une chose dangereuse et presque sale, dont elle userait à l'envi ; ça aussi elle le tolère, parce que c'est vrai.

En contrepartie, elle a le privilège de lui renvoyer au visage ses propres petits arrangements avec la vie. Ce côté entier jusqu'à l'insupportable, agaçant au possible. Ces soirs-là, les jours où il s'engage sur le chemin des idées sublimes – celles qui détiennent le droit de peupler son esprit –, elle sourit avec ironie et lui ressert les « mondes illusoires ». « Mondes illusoires », c'est ainsi qu'il avait qualifié le cinéma et le théâtre, auxquels il vouait pourtant un culte, d'autres soirs. Les films n'étaient que de vulgaires distractions pour la pensée, des bleuettes d'un réalisme affligeant, des pis-aller. « L'amour aussi, je suppose ? » avait demandé Malka. « L'amour surtout », avait conclu Youra. Et on en était resté là. Chacun de son côté, on se consolait de l'amour en se disant qu'avoir trouvé un alter ego, en ce bas monde, c'était déjà quelque chose.

Le garçon leur a apporté deux vins blancs. Il ne sait que penser de ce couple bizarrement assorti. Elle, tirée à quatre épingles, femme du monde, femme de tête à n'en pas douter. Et lui, une espèce de zazou dégingandé. Mais avec quelque chose dans les manières qui trahit les habitudes de la grande vie, et des livres. Quelque chose d'étrange vous inonde quand il vous attrape avec son regard. Une volonté mêlée de douceur, à laquelle on a envie d'obéir sans discuter. C'est ce qui plaît à la jeune femme si belle. Avec d'autres habits, il en aurait fait sa chose, à n'en pas douter. Mais il semble avoir, pour une raison incompréhensible, d'autres projets.

— Tu me le présentes quand ? demande Youra.

— Jamais, si possible.

— Je dois lui parler.

— C'est un traître, je te l'ai dit ?

— Tu n'as pas dit « traître », tu as dit qu'il aidait les gens à valoriser leurs biens. Tu as dit qu'il connaissait du monde. Du très beau monde.

— Youra... Il pactise avec l'ennemi. Il trafique les devises, les faux papiers. C'est jouer avec le feu, crois-moi.

— Tu joues bien, toi.

— Moi c'est autre chose.

Son regard part loin. Vers un monde illusoire, très certainement. Le vin givre les verres où leurs doigts trouvent la fraîcheur et figent l'instant.

— Il m'appelle Lilith.

Déjà, elle regrette. Youra commente.

— Lilith. C'est charmant.

— Dans sa bouche, ça l'est.

— Je n'aime pas tellement.

— Quoi ?

— Qu'il t'appelle comme ça. Lilith est la catin du diable.

— Romanovitch n'est pas le diable.

— On s'en fout, de ton Romanovitch.

— Je croyais que tu voulais absolument le rencontrer.

— Tu n'es la catin de personne.

Malka rit.

— Tu es furieux, ma parole.

— Présente-le-moi et puis quitte-le.

— Mais arrête avec ça.

— Il n'a rien à faire avec toi. Une femme comme toi. Je suis sûr qu'il le sait.

— Une furie, tu veux dire ?

— Non. Une intellectuelle. Les femmes comme toi ne sont pas vivables.

— Pas épousables ? demande Malka.

Tout à coup, les voix et les bruits du bistrot ont disparu. Youra prend le temps de s'allumer une cigarette, sans quitter Malka des yeux.

— Non, il est juste impossible de vivre avec elles.

Il recrache la fumée vers le plafond.

— Elles doivent concilier deux concepts inconciliables. Elles, et le monde.

À nouveau, Malka rit.

— Tu me prends pour quelqu'un d'autre. Une autre femme, beaucoup trop intelligente pour moi.

— Ne te laisse plus appeler Lilith, Malka. S'il te plaît. Tout ça finira mal.

Il est jaloux, ma parole, pense Malka. S'il remet encore une fois sa mèche comme ça derrière son oreille, c'est décidé, je me lève et je l'embrasse, amis d'enfance ou pas.

3

Tu seras gazée, tu seras brûlée. Les mots restent en tête, comme reste en bouche le goût du vomi. Régine lisse les plis de son tablier. Elle rajuste sa coiffe pour la centième, la millième fois. Son uniforme lui donne du courage. De la prestance. Elle se tient droite, elle ne faiblit pas. Tu seras gazée, tu seras brûlée. Le docteur Basch lui a dit les mots à l'oreille comme un secret. Comme un talisman qui pourrait la sauver.

Régine porte autour du cou, sur un carton accroché par une ficelle, le numéro 263. Elle sera donc dans le sixième wagon, sur la trentaine du convoi. Chaque wagon compte exactement cinquante unités. L'unité étant : le Juif. Le sixième wagon de la file : c'est une information comme une autre, à se garder dans un coin de la tête. Juste à côté des mots du docteur Basch. Gazée. Brûlée. Régine ne peut y croire tout à fait. Ce sont des images surgies d'un conte pour faire peur aux enfants. Bien le genre des Boches. Se mettre en scène. Faire croire au pire. Se réjouir de la peur où on fait mijoter les faibles.

Si c'est pour finir par nous gazer et par nous brûler, pourquoi est-ce que ça prend si longtemps ? Toute une journée pour monter dans un fichu train ? Mais Régine le sait depuis bien des années : les Allemands jouissent. Les voir se traîner leur procure un plaisir infini. Chez eux, tout est proportionnel : le malheur des uns doit être ritualisé, pour proclamer symboliquement le bonheur des autres. Hier, la répétition *(Generalprobe !)* s'est égrenée jusqu'à la nuit. Aujourd'hui, avec la mise en place *(Einführung !)*, on remplit le train pour de vrai. Les vieux et les malades trébuchent et tombent, les apeurés écarquillent les yeux, les désespérés se lamentent sous le soleil printanier. Le train est venu se placer sur les anciennes voies, le long de la caserne. Toutes les vingt minutes il avance d'une voiture pour permettre au groupe suivant de faire les cinquante mètres jusqu'à la porte ouverte du wagon à marchandises qui les attend.

Régine se concentre. Elle lisse les plis de son tablier. Elle rajuste sa coiffe. Rien ne doit pénétrer. La misère humaine pourrait s'introduire, gangrener l'esprit clair et net qu'elle s'est forgé, depuis trois mois qu'elle est à Malines. Elle reste imperméable aux cris des enfants qui ont soif, aux sourires narquois des bourreaux, aux phrases répétées des millions de fois par les millions de bouches autour d'elle : et si c'était vrai ? et s'il y avait un travail au bout ? un camp avec une vie, un matin, un soir, une soupe ? En trois mois, Régine a vu les Boches à l'œuvre : leur enlever leur humanité par couches, comme on épluche un oignon. La fouille avec les doigts dans la bouche. Les rations trop chiches, histoire que la faim les tourmente le jour et la nuit.

Certains colis autorisés pour que le trafic fasse d'eux des bêtes sans merci. Mais elle leur a opposé ses vingt ans et son uniforme d'infirmière, qu'elle a gardé immaculé au prix de toutes les privations.

Régine fait le vide, éloigne les plaintes, les regards des mères. Juste devant dans la file, il y a Joséphine, matricule 214. Elle tient dans ses bras la petite Suzanne, matricule 215. Suzanne, née à la caserne le 11 mars. Régine était là. Elle croise le regard de Joséphine, les deux jeunes femmes tentent un sourire – gazée, brûlée.

Sous le porche, une haie d'honneur les attend. Elle reconnaît Kurt Asche, son vieil ami. Tout à l'heure, elle l'a vu qui s'approchait d'un membre du premier groupe, les spéciaux, les réfractaires, les résistants, les repris. Il porte un vilain petit complet bleu pour ne pas faire trop militaire, pour passer pour un fonctionnaire bien mis. Dans les caves de l'avenue Louise, il s'est passé quelque chose avec cet homme en complet bleu, son ami Kurt. Régine ne lui donnera pas le plaisir de laisser revenir ces nuits. Elles sont pour toujours rangées dans un coin hermétique de sa conscience, hermétique comme une boîte à vaccins ; bien à l'abri de la lumière.

Régine préfère Dagobert. Dagobert Meyer, le baryton de l'opéra d'Anvers, leur chef bien-aimé. Grand, blond, autrichien et musicien, Dagobert aurait pu être un parfait Aryen, s'il n'avait pas été juif. Il est à la tête des « 108 », ses hommes : la subtile hiérarchie juive mise en place ici par les nazis, avec toute leur science de l'asservissement volontaire de l'homme par l'homme. Les 108 font régner l'ordre. Il n'y a qu'une dizaine de SS dans la caserne, pour 1 500 pensionnaires. Cinq ou six Allemands. Plus cinq ou six SS flamands. Le reste de la discipline, les Juifs ont le privilège de s'en occuper eux-mêmes. Dagobert porte une longue cravache souple, mais ce n'est pas pour monter à cheval, c'est pour cingler le visage des gens. En véritable artiste, Dagobert joue pour un public de choix : il ne frappe que lorsqu'au moins un Boche assiste au spectacle. La victime en rajoute en s'affaissant, en suppliant, et le Boche est content. Dagobert mime des airs courroucés, comme si un masque de tragédie s'emparait de son visage. Là, pour un instant, le Juif en lui parodie l'Allemand en eux, et Régine y grappille une seconde de liberté.

Sous le porche, la petite table où le préposé consulte ses listes. Régine ne sera pas dans le sixième wagon, finalement, on l'a affectée à l'avant-dernier, le wagon sanitaire où sont entassés les malades et les mourants. L'infirmière a juste le temps de se faire à l'idée que déjà elle débouche dans la lumière, que déjà la voilà dans la rue. Une vraie rue avec des maisons et dans les maisons, des gens. La lumière est plus forte que dans la cour aux hauts murs de la caserne qui était devenue son seul point du jour. Quelques pas encadrés par les policiers venus spécialement pour escorter le train, et la voici devant la porte béante du wagon. Sur la paille, on devine les corps exténués, entassés. Déjà des cadavres parmi ces gens affalés : Régine a reconnu l'odeur. Il va falloir se méfier, les morts ont une force d'appropriation très forte. Avec leurs humeurs, avec leurs miasmes, ils vous attirent et vous font leur.

Soudain, le docteur Basch est là, dans son dos, des mots plein la bouche. Gazée, brûlée, oui, je sais. Mais aucun son ne sort. La bouche du docteur est ouverte en une grimace à la fois colérique et compassée ; Régine a envie de rire, on dirait qu'il s'est fait rouler sur le pied par un tram. L'infirmière est prisonnière de ce visage de cire, un visage de martyr qui aurait fondu, lorsqu'elle sent une main qui frôle la sienne ; le docteur Basch renifle, fait pénétrer quelque chose dans sa manche tout en balbutiant. Lorsque le froid du métal touche sa peau, Régine comprend que c'est un couteau. Le docteur la regarde intensément, cligne des deux yeux comme pour l'imprégner de quelque chose. Tel un spectre, il se volatilise dans le jour trop cru à l'extérieur du wagon.

Régine reste pétrifiée. Qu'est-ce qu'on attend d'elle ? Qu'elle brandisse son arme, ce couteau à pain avec manche de bois, et qu'elle éventre les SS l'un après l'autre ? Et puis elle lève la tête et elle comprend l'intention du docteur Basch. C'est pour scier les barreaux de la lucarne, à deux mètres cinquante au-dessus du sol. Le bon docteur a trouvé le moyen de se racheter une conscience. Il évite la mort pour lui-même depuis de nombreux mois en obéissant aux ordres des chiens. Mais ses péchés sont rachetés par cet acte d'une réelle bravoure : offrir un couteau à une jeune fille bientôt gazée, bientôt brûlée. Lui éviter cette mort qui l'attend là-bas, en Pologne, en lui en substituant une autre : sauter d'un train en marche gardé par des SS armés jusqu'aux dents, depuis une lucarne.

4

Youra gare son vélo devant le 51 et l'attache à la grille du soupirail. Il compte au moins dix vélos agglomérés, il ne prend pas le temps de les détailler, il y a là des promesses d'après-midi en musique, de bons mots échangés, de regards de filles. Et de fait : il passe à peine la porte qu'Henriette s'accroche à son cou en descendant les marches, ah, Youra, t'es là ? Un peu, beaucoup de déception dans la voix. Elle a son cours dans vingt-neuf minutes exactement c'est bête, salut, à la prochaine, les autres sont là, vas-y. En haut de la première volée de marches, Youra se retourne et lui demande : C'est quoi ton cours ? Et d'un coup la journée d'Henriette s'illumine. Il s'est arrêté pour lui poser une question personnelle, elle ne l'aura croisé qu'un instant mais ce n'est pas grave, car elle aura pu articuler les syllabes *comp-ta-bi-li-té* face au sourire désarmant du jeune médecin, dans l'intimité d'un moment sur les marches.

Youra dévore l'escalier, ses jambes répondent, ça lui servira d'entraînement pour le basket, où il n'a plus mis les pieds depuis des semaines. Le sport c'est bien, mais la vie aussi est un sport, et depuis quelques mois ça se corse, on touche le haut niveau. Si les Boches pensent qu'on va abandonner la partie, ils se gourent. Au premier, derrière un rideau de fumée, Marcel et son groupe de vieux – trente ans et plus – discutent de l'avenir du monde. Parfois, Youra les rejoint, mais pas aujourd'hui, là il a envie de se sentir jeune, de rêver à des choses improbables avec des airs importants. Chaque jour peut aussi être le dernier, alors à quoi ça sert de discuter jusqu'à la corde ?

À peine entré dans l'atelier, Youra enregistre en un instant toutes les informations utiles : qui est là, qui parle de quoi, qui plaît à qui, qui le sait, qui ne le sait pas encore. Jacqueline se lève et lui fait la bise avec solennité. Ça fait partie de leur jeu. La séance de pose de l'après-midi est presque terminée, une odeur de pigment flotte dans l'air, ça rappelle à Youra l'école, quand on trempait toute la main dans le pot pour rapporter à Maman l'indubitable preuve de son existence, une paume rouge, bleue.

La fille qui posait – Claudine ? Pauline ? – s'étire les bras au-dessus de la tête parce qu'elle s'ankylose, et aussi pour montrer ses seins qui se tendent dans le coton, seins qu'elle a ronds et jolis.

Youra fait le tour, les bises claquent sur sa joue, puis il s'écroule à sa place attitrée dans le vieux chesterfield. Comme les fleurs vers le soleil, chacun se tourne inconsciemment vers Youra. C'est animal. Les filles veulent être vues, remarquées. Les garçons chérissent les signes de son attachement. Déjà, Raymond dispose les pièces sur l'échiquier. Quelqu'un a mis un disque, du jazz interdit évidemment. Les gars n'ont pas besoin de lui poser la question, ils veulent des nouvelles de son frère, alors Youra leur en donne. Alexandre, Choura pour les intimes, va bien. Il se maintient. Le moral est bon. Non, il ne sort pas. Oui, il est patient.

Jacqueline s'assied sur ses genoux pour l'empêcher de commencer sa partie d'échecs. Le petit jeu s'installe :

— Alors, mon chéri ? C'était comment, le travail, aujourd'hui ? Tu veux un whisky ? Après je vais te faire un bon steak-purée avec une belle salade…

Raymond poursuit.

— Et une petite pipe en fin de soirée.

— Oh !

Jacqueline lui met une gifle.

— Mais quoi ? Une innocente petite pipe au coin du feu ? poursuit Raymond en se frottant la joue. Tout en lisant son journal…

— J'ai un faible pour la cigarette, répond Youra en s'en allumant une. Mais il paraît qu'il faut tout essayer.

Jacqueline fait la furieuse, les poings sur les hanches.

— Mais vas-y, encourage-le !

Raymond joue les innocents en avançant son premier pion.

— Moi je disais ça pour vous.

Jacqueline tourne les talons.

— Ça sent le vice par ici. Les types pas nets.

— Et mon whisky ? demande Youra sans lever les yeux. Chérie, mon whisky ? Et ma purée ?

Youra avance son cavalier. Il aimerait sortir avec la jolie Jacqueline, la belle, l'intelligente Jacqueline, élève brillante, future médecin. Sortir pour de bon. Mais alors la vie serait simple et ce serait très louche par rapport à ce qu'il en connaît. Enfin, peut-être un jour faudra-t-il se résoudre à ne pas être un héros de roman russe. Et vivre.

Youra se concentre sur les pièces pour ne pas devoir affronter son avenir avec Jacqueline, une famille, des gosses, les Boches qui s'installent, le monde qui s'habitue, et puis la mort pour tout un chacun, à son tour. Mais la partie ne va pas durer longtemps. Parce que Wim veut qu'on l'écoute. Il a écrit quelque chose dans le tram tout à l'heure et il tient à le lire séance tenante, voilà qu'il sort de sa poche un prospectus couvert d'une écriture serrée.

Wim, Flamand de près de deux mètres, possède des yeux exorbités et une immense mèche pour les cacher. Il a dix-neuf ans, et aucun don pour la peinture, mais la fréquentation des ateliers de Marcel le tient à l'écart du travail obligatoire. Comme eux tous. Enfin, ceux qui n'ont pas comme le chef de labo Youra Livchitz un travail officiel, « primordial pour l'économie du pays », qui le met provisoirement à l'abri.

On forme un cercle autour de Wim, ému, solennel. Jacqueline s'est assise sur l'accoudoir du chesterfield. Sa jolie cheville frôle le genou de Youra, promesse de danse, de jupe qui tourne dans un sens, dans l'autre, une cheville fine mais pleine de santé. Une image traverse Youra : lui et Jacqueline dans un intérieur de publicité, le tapis épais, le feu allumé… mais la table basse est renversée et Jacqueline est penchée sur son entrejambe, tout ébouriffée.

Les lèvres de Wim se mettent à bouger.

— Si tu crois que je vais baisser les yeux ramper et manger de la terre et boire tes paroles Moustache si tu crois que je vais éviter les trams et les rayons de soleil…

Wim roule les *r* à la flamande, ce qui donne une certaine urgence à son texte. Rrramper et boirrre tes parrroles… Il poursuit sans reprendre haleine.

— Si tu crois que je vais ralentir mes pas et mon esprit m'excuser de vivre respirer bas si tu crois ça Moustache tu te mets le doigt dans l'œil jusqu'au coude le doigt et la main et tout le bras…

Wim, en transe, lit sans lever les yeux. Tous évitent de se regarder pour ne pas que leurs mines perplexes, échangées, ne provoquent le grand rire qui les libérerait de leur stupeur. Wim n'a pas fini.

— Je vis moi dans Bruxelles moi je vis je chante je danse et je bois l'autre jour j'ai fait du vélo avec une fille sur mon guidon en équilibre une fille que je ne connais pas alors rappelle tes chiens ravale tes phrases et tes crachats…

On se regarde mais on n'a plus envie de sourire parce que Wim est possédé. Il tourne son petit papier.

— … étouffe-toi avec tu passeras Moustache et moi je serai encore là avec la lumière et l'avenir l'avenir qui me tend les bras et mon vélo et la fille.

Wim contemple son prospectus mais il n'y a plus rien à lire dessus. Raymond se met à applaudir bruyamment pour détendre l'atmosphère :

— Bientôt au Mercure de France, *Moustache*, un recueil de Wim Van Langendonck.

Wim rit pour la contenance que ça donne. Quelqu'un retourne le disque de Louis Armstrong. Jacqueline se penche vers Youra pour qu'il lui confirme l'heure des prochaines classes, l'heure et le lieu. L'université a fermé ses portes, alors on se donne cours les uns aux autres, jeunes diplômés, vieux professeurs, candidats de première année. Un jour chez l'un, un jour chez l'autre, on appelle ça la Buissonnière. Et la Buissonnière a rendu la jeune fille de vingt ans complètement folle de son jeune professeur de physiologie.

Une heure plus tard arrive Pamplemousse, sous les hourras. Presque tous les membres de la bande sont venus l'applaudir la semaine dernière, au bois de la Cambre, dans *Les Quatre Fils Aymon*. En compagnie des Comédiens Routiers, Pamplemousse – Jean de son vrai nom – parcourt la Wallonie profonde avec ce qu'il nomme, non sans emphase, un « spectacle semi-improvisé d'inspiration médiévale », destiné à « édifier les foules » tout en « stigmatisant la bêtise humaine personnifiée par un occupant où personne ne reconnaîtra quiconque ». Jean adresse un petit rictus de connivence à Youra, car ils ont des projets pour ce soir même. On l'appelle encore Pamplemousse parce qu'à douze ans il avait des bajoues magnifiques. Mais aujourd'hui Pamplemousse a vingt-cinq ans, il est bien bâti, comédien, musicien, étudiant en art, et les filles se pressent pour lui demander l'heure.

Autour de l'échiquier, les garçons parlent à voix basse. On échange les dernières nouvelles. C'est souvent Youra qui en détient la primeur ; comme il connaît le russe, il s'est lui-même surnommé « Radio Moscou ». Stalingrad est encore sur toutes les lèvres : les morts russes, les morts boches, l'avant et l'après. Mais on ne parle plus de Stalingrad, à présent on parle de Koursk, une poche où l'Armée rouge pourrait être victorieuse si elle joue bien le coup. Mais Koursk c'est loin, alors on parle de Tunis : si les Alliés gagnent du terrain en Afrique du Nord, alors ça voudra dire qu'un débarquement sera possible. Leur mur de l'Atlantique on s'en fout, leurs bunkers et leur béton, les GI vont contourner le problème, ils vont passer par Nice et par Cannes, c'est autrement plus chic, ils iront prendre un verre au Négresco en passant.

L'autre bonne nouvelle c'est que les Français se rebellent enfin, ils se sont débarrassés de ce traître de Darlan, zigouillé par un ket de vingt ans – on prononce son nom avec respect : Fernand Bonnier de la Chapelle. On baisse la voix pour se répéter encore une millième fois qu'il a opéré seul, après avoir tiré à la courte paille avec trois de ses amis, des Corps francs comme lui. Pris, il a déclaré qu'il avait agi « pour des raisons de propreté morale ». Au lieu de le remercier, on l'a fusillé le lendemain.

La jolie Jacqueline aimerait savoir si Youra la reconduira chez elle. Il pourrait l'emmener sur le guidon de son vélo, comme dans le « poème » de Wim.

— Wim a écrit un poème ? demande Pamplemousse.

— Oui mon vieux, tu as raté ça.

Raymond imite l'accent roulant et les grands yeux.

— Si tu crrrois que je vais ferrrmer ma bouche, Moustache, si tu crrrois ça, tu te mets le doigt dans l'œil jusqu'au trrrognon !

— On ne se moque pas des poètes, déclare Youra. La poésie, c'est sacré. Échec au roi.

— Justement ! dit Raymond. Précisément ! et il poursuit : Moi j'aurrrai des filles surrr mon guidon !

Jacqueline est formelle :

— Moi je dis chapeau à ceux qui tentent l'affaire.

Youra est d'accord.

— « Pour gagner, il faut le courage de jouer. »

— Monsieur est philosophe, dit Pamplemousse.

— Bon, tu me ramènes ou pas ? demande Jacqueline.

— Demain c'est promis, ce soir j'ai quelque chose à faire.

— Des cours particuliers, affirme Raymond en enfermant son roi sur sa ligne.

— Oui, ajoute Youra. Une jolie fille des beaux quartiers. Des cheveux soyeux, un sourire d'ange, et qui fait tout ce qu'on lui demande.

Jacqueline le regarde longuement.

— Il paraît que c'est moins bon quand il a fallu demander.

Youra ne sait plus que répondre. Alors il sourit à Jacqueline. Puis il revient au jeu : normalement ça devrait être mat en un coup. Deux maximum. Il fait glisser son fou. Quelqu'un change de disque. C'est une valse, genre romantique. Youra se lève comme un diable, il prend Jacqueline par la taille, qui sursaute parce qu'elle s'était détournée, ils se mettent à valser entre les chevalets. Pendant que Raymond se creuse les méninges, penché sur l'échiquier, Youra valse en mimant un prince de sang, le bras haut, le menton sur l'épaule, le regard perdu dans le lointain. Jacqueline rit et fait voleter sa robe. Depuis le fond du divan, Pamplemousse regarde tourner son ami ; puis il jette un coup d'œil à sa montre-bracelet. Il va falloir y aller, parce que la journée n'est pas finie. Ce soir, avec un troisième lascar, on arrête le train qui part pour les camps.

5

La porte se referme dans un bruit rouillé, le noir se fait. Quelques faibles cris parmi les malades. Plutôt des lamentations. Un *clac* métallique rétablit le silence : le verrou qu'on abaisse. Un autre : le cadenas. Il ne faudrait pas que les mourants s'échappent pendant la nuit et polluent la noble terre d'Allemagne de leurs miasmes juifs.

Régine serre son trésor. Tous ses espoirs passent dans le couteau à pain du docteur Basch. Un homme réclame sa chaussure. Depuis qu'il s'est affalé dans la paille, il la cherche. Il supplie la godasse comme si elle pouvait l'entendre et venir à lui. Cette chaussure rendrait sa vie certainement plus confortable, plus belle, se dit Régine. Elle lui rendrait la santé, la dignité, son existence d'autrefois – l'appartement, les enfants qui reviennent du parc, la mère qui a fait sa célèbre soupe aux choux.

Un jeune homme malingre est avec Régine. Il est venu se présenter avec componction : il est médecin. Il se lamente aussi fort que ceux qu'il est censé veiller, si pas plus. Ses traits se sont dissous dans l'esprit de Régine, elle n'a pas eu le temps de bien les fixer que la pénombre est venue sur eux. Trop mince, trop gentil, trop jeune, il ne sera d'aucune utilité à quiconque aujourd'hui, ni cette nuit, ni jamais.

Les Allemands sont pleins d'esprit : ils ont remis au jeune homme un stéthoscope et deux livres. Pour réviser sa médecine, sans doute, dans le noir d'un wagon à marchandises en marche. Trouver comment soulager, sans médicaments, sans lampe, sans rien, ces hommes et ces femmes de tous âges, abîmés par les privations et les interrogatoires où on te défigure à coups de crosse. Régine sait que certains étaient déjà passés de vie à trépas quand les Boches les ont entassés là. Mais bon, ils étaient sur la liste des voyageurs, et les listes doivent être respectées à la lettre. Les autres Boches, ceux qui ouvriront les portes, n'y verront que du feu, et puis les cadavres juifs correspondront à la liste des Juifs autrefois vivants, le nombre dans la colonne du document sera exact, et c'est ce qui compte.

À présent que l'horreur est tout autour d'elle, une certitude s'est enfin installée en Régine. Ce n'est pas précisément de cette manière que l'on traite des gens qu'on veut faire travailler. Déjà, l'évidence aurait dû la frapper à Malines, mais quelque chose tenait bon, quelque chose avait besoin d'y croire, à la vie, à l'avenir, malgré tous les signes qui étaient là, la promiscuité entretenue, les coups, la honte, les latrines bouchées exprès, les regards, les jeunes filles humiliées devant leur fiancé, devant leur père, les SS flamands ou allemands – qu'importe –, saouls, qui s'arrangent pour te coincer le soir dans les couloirs déserts, parce que tu ne diras rien, si tu parles ça recommencera plus vite, plus fort, plus souvent, parce qu'il y aura un pacte de silence, de honte et de sperme entre lui et toi, ou alors il recommencera parce que tu as ouvert ta grande gueule et que maintenant c'est officiel, alors à quoi bon se retenir ?

Régine n'entend plus ni les râles ni les prières qui se confondent, ni les pleurs ni la colère, ni les questions ni les réponses, ni le jeune médecin, ni les agonisants, ni les bavards. Elle n'entend plus que le bruit du couteau du bon docteur qui mange le bois des barreaux et des planchettes, lentement, sûrement. Régine est debout sur un sac. Le couteau sort de son encoche à cause d'un cahot et il faut tout recommencer. Son bras la fait souffrir, alors elle change de position ; le biceps est fatigué, il tétanise, elle va utiliser son triceps, comme ça, oui, comme ça.

En bas, c'est l'enfer, littéralement l'enfer, un lieu où le temps n'a plus cours, où la souffrance règne pour toujours, où les victimes et les bourreaux sont les mêmes : l'horreur fait de toi le bourreau d'un autre. Les malades sont trop faibles pour se lever et tenter d'uriner dans le seau. Ils ont fait sous eux dans la paille comme des animaux de ferme, pas seulement de la pisse. C'est dans notre propre merde que les Boches nous font croupir. Cette phrase fait sourire Régine : « Faites-nous bien croupir dans la fange les gars… Moi je ne joue pas. Moi je pars. »

L'homme à la chaussure a changé de disque. À présent il demande sa femme ; dans une heure il appellera sa mère. Régine connaît les hommes. Tous les hommes.

Juifs, Boches, saints ou bourreaux, ils finissent tous par appeler leur mère. Les femmes n'appellent pas leur mère ; ni leur père. Au début elles réclament leurs enfants, et puis elles se taisent. Plus tôt, une dame défigurée par un prurit a parlé de la Pâque. Elle a dit qu'ils l'avaient fait exprès, qu'ils avaient attendu la Pâque pour les mettre dans le train. Leurs ancêtres sont sortis d'Égypte et eux ils sortiront d'ici, d'une manière ou d'une autre ; c'est ce qu'elle a dit. C'était quand on faisait encore des phrases, pour voir si quelqu'un s'en emparerait dans le noir et répondrait.

En bas c'est l'enfer mais en haut c'est le paradis. Régine regarde le ciel à s'en démettre les cervicales. La nuit est tombée, la lune est sortie, très blanche. À travers les rayons pâles on distingue les planches du wagon, et surtout, en contre-jour, le barreau qu'elle use de sa lame, le quatrième sur sept. Une main lui agrippe la cheville ; une voix va avec la main. Un homme lui dit d'arrêter, qu'ils seront tous fusillés à cause d'elle. Il parle un mauvais yiddish. Mais Régine ne se laisse pas distraire, elle lui laisse sa cheville, qu'il serre comme un damné, il la supplie et l'appelle « ma fille ». « Tu nous envoies tous à la mort »… Oui, je sais. Régine a envie de crier pour couvrir le bruit du train et des rails et les remugles humains : oui c'est moi qui vous envoie à la mort. Moi la jeune fille juive qui scie avec un couteau à pain une planchette clouée. C'est moi. Les autres ont juste fait leur travail, mais moi je suis le diable et je t'enverrai en enfer…

6

Il va falloir fêter ça. Kurt Asche contemple son reflet dans le miroir de la petite salle d'eau réservée au personnel. Il ne reste que quatre wagons à remplir. Le commandant va s'occuper de cela comme il faut. Lui, il file, bonne soirée, vive l'Allemagne, au revoir et merci.

Ce matin, Kurt a eu la présence d'esprit de mettre son complet bleu, pour ne pas devoir repasser par l'avenue Louise en fin de journée. Brillante idée, qui porte ses fruits. Il va prendre congé, oui, et puis il se fera conduire à Bruxelles pour une nuit mémorable. Bien méritée. Oh que oui. Trois mois : c'est le temps qu'il aura fallu pour rassembler tous les joyeux participants. Alors que l'année dernière il suffisait de quelques jours pour arriver au nombre de 1 000… L'hiver s'est montré pénible.

Ils ne sont pas complètement demeurés, les *Juden*. Ils ont entendu des bruits : comme quoi la Pologne n'était pas un camp de vacances. Ah bon ? Ils ont fait des déductions, en utilisant leur cerveau, où toute la place est pourtant utilisée à compter les petits sous amassés à vendre du tissu en trichant sur les centimètres. Et ils ont déduit qu'on ne convoquait pas les enfants et les vieux pour des camps de travail. Si on convoque les enfants et les vieux, ce n'est pas non plus pour conserver l'unité familiale du Juif. L'Allemand est pragmatique, c'est connu. Non, si on convoque les bébés juifs et les vieillards juifs, c'est parce que l'Allemagne a besoin de savon. Le Juif n'apporte pas son travail, on n'a que faire de son travail, un travail bâclé. Il apporte sa graisse corporelle. Transformée, parfumée, elle viendra jusque dans la salle de bains de chaque famille allemande les laver de la sueur accumulée pendant la saine journée de labeur.

Kurt s'essuie le visage et sourit à son reflet. Il n'est pas bel homme. Mais la certitude d'un travail bien fait lui donne aujourd'hui une assurance qui transparaît. Certainement. Cheveux rasés sauf sur le dessus, où reste une mèche virile, gominée. Petite moustache sobre. Lunettes rondes pour l'air intelligent. Costume de prix. Chauffeur, berline, essence à volonté, à l'heure où même les plus riches vont à pied.

Qui pourrait reconnaître, sous cette dynamique silhouette, le tout petit employé de droguerie qu'il aurait pu rester toute sa vie ? Mais Kurt a su mener sa barque. Rallier la cause avant que ça ne devienne à la mode. Comprendre que l'avenir appartiendrait à ceux qui auraient eu le courage d'avoir de l'ambition. De conclure un pacte avec l'Allemagne, un pacte de vie où tout allait gonfler, prospérer : le pays, et les hommes qui font le pays. Ensemble.

Il va aller jouir dans une bouche de négresse. C'est de bon ton. C'est ce qui se fait. Freddy a préparé quelque chose de spécial, il l'a dit. Officiellement c'est l'anniversaire du Führer, bien sûr. À minuit retentiront les vœux. Mais officieusement, on peut quand même trinquer à la santé des 1 631 heureux élus qui dès ce soir entament un confortable voyage en train, oui ou non ?

Abuser d'une négresse c'est amusant, mais en redescendant vers la cour Kurt préfère convoquer les lèvres d'une mère de famille contrainte au bordel par les circonstances. Moins d'une heure plus tard elle embrassera son mari et ses enfants, mais elle devra d'abord se concentrer pour être toute à sa bite. Une mère de famille, voilà ce qui pourrait le faire jouir agréablement. Jouir est important, ça fait partie intégrante de sa mission, se dit Kurt en descendant les dernières marches. Il jette un coup d'œil à la file qui s'amoindrit dans la cour. Un couple de vieux s'est assis, on les laisse tranquilles, qu'ils s'asseyent, qu'ils rampent. Ils finiront toujours au même endroit. D'un regard englobant, expert, Kurt Asche jauge les corps qui occupent encore les lieux. Cinquante ? Soixante ? Ils représentent une certaine quantité. Un certain nombre de kilos. Dans cette circonstance où l'on extermine les boutiquiers, c'est précisément en boutiquier que Kurt Asche aime voir les choses. Il se frotte les mains : c'est un lot qui disparaît du stock. Bien, bien.

En prenant place sur le cuir noir de sa berline, Kurt Asche est à nouveau assailli d'images ; il se rend compte qu'il n'aime plus autant éjaculer avec la complicité des putains de la rue du Berger. Beaucoup moins qu'avant. Et c'est la faute à Hélène, évidemment. Après un soir où elle avait un peu trop joué avec ses nerfs – chose qu'il avait adorée un temps –, « Kurteke » a envoyé cette conne se faire cramer à l'Est en guise de consolation. Et depuis il s'ennuie. C'était une des toutes dernières authentiques putains juives du royaume et lui, au lieu de se la garder sous le coude, il l'envoie rôtir en enfer, juste pour lui montrer. Freddy lui a bien proposé d'autres Sémites, mais c'était de vulgaires Arabes. On a même essayé de lui fourguer une longue Grecque, qui n'avait pour elle que son air veule. Mais personne ne trompe Kurt Asche en matière de judaïté. L'idée le fait sourire : chacun son métier.

Non, son plaisir vrai s'est déplacé. C'est au bureau que Kurt jouit désormais. L'année dernière, il ne voyait pas se pointer grand monde : les Juifs raflés à Anvers ou Anderlecht n'avaient pas le temps de réagir qu'ils se retrouvaient déjà à l'autre bout du Reich à fondre en silence. Les autres, ceux qui s'étaient présentés d'eux-mêmes aux convocations de peur de représailles, ceux-là n'étaient que de pauvres bougres, maroquiniers, cordonniers, tailleurs débarqués en panique en Belgique à l'affût d'une vie meilleure qu'à Essen ou Brunswick. Personne ne venait frapper à sa porte pour supplier qu'on les délivre. À présent, ça change. Car aujourd'hui ce sont les luxueux Juifs belges qui sont concernés. Madame la Reine Mère aura beau se démener, le Reich fera feu de tout bois pour alimenter son brasier purificatoire. Voici que les augustes membres du *Judenrat* eux-mêmes se mettent à trembler, eux qui se sont crus au-dessus du Juif Süss pendant tous ces mois. Ils s'inquiètent, les Rothschild et les Goldenberg.

Au fil des années et des privilèges, ils s'étaient dit : avec tous ces millions en banque on n'est plus juifs, on est riches. Mais non. Ou plutôt si. Riches d'enrichir le Reich avec zèle en lui cédant tout : argent, bijoux, propriétés, œuvres d'art. Et après, trois petits tours, et puis s'en iront sans coup férir. Un peu de caserne, et bon voyage…

À présent, Kurt jouit de ces filles de bonne famille qui viennent plaider – dans un bel allemand appris à l'école – la cause de leur vieux père, de leur vieille mère, de leur cher frère, enfermés à Malines par erreur, Monsieur l'Officier, par erreur. Nous qui sommes belges à cent pour cent, Monsieur l'Officier, nous qui fréquentons les universités, les opéras, les galas, les derbys… Nous voyons bien où vous voulez en venir, Monsieur l'Officier : importer de la main-d'œuvre au cœur de la Nouvelle Allemagne – toujours grande et belle –, c'est bien légitime, pour remplacer Jan, et Wilhelm, et Hans tombés au champ d'honneur face à l'horrible soldat rouge assoiffé d'Europe. Oui, nous comprenons, merci encore, merci de nous protéger des Russes, merci pour tout. Mais s'il vous plaît, Monsieur l'Officier, ne prenez pas ce Juif-là, prenez-en un autre… Pas mon frère. Pas mon père.

Ces jeunes filles-là, Kurt Asche les pénètre. Non pas de son sexe, mais d'une excroissance invisible et particulièrement érogène. Une longue jouissance tentaculaire est en train de grandir dans la pièce alors qu'elles répètent, les yeux baissés mais encore fiers, un argumentaire longuement préparé. Son pénis mental pénètre leur peur. Et entreprend un subtil mouvement de va-et-vient. L'Obersturmführer laisse planer un doute. Laisse errer son regard. Il opine très légèrement du chef pour laisser croire qu'on est là, dans ce bureau cossu, entre gens de bonne volonté. Et puis il fait répéter les phrases. Ah vraiment ? Quel nom, dites-vous ? Un professeur émérite ? Un étudiant discipliné ? Un membre du barreau ? Mais quand comprendrez-vous qu'on ne veut plus de vous dans les écoles, ni dans les palais de justice, ni dans les banques, ni dans les rues ? Kurt Asche, parfois, a envie de crier. Parfois il le fait. Parfois, ceux qui sont venus quémander le font sans honneur et ils le dégoûtent. Alors ils se retrouvent dans la cave avec le front cassé, les dents dans la paume, comme un pourboire. Mais le plus souvent Kurt Asche se contrôle, surtout lorsqu'il flaire que la mère ou la fille auront le cran de lui proposer un marché. Leur honte prend alors la forme de billets facilement gagnés.

À ceux qui sont prêts à céder quelque chose, il prendra tout. Aux pauvres, il fera vendre les alliances. Les riches, il les fera s'humilier. Les petits qui brodent un peu d'allemand sur leur malheureux yiddish, il fera semblant de ne pas les comprendre, et puis subitement il accédera à toutes leurs demandes. « Oui, oui, vous dis-je, je vous ai entendus, à présent disparaissez. » Ils s'en iront interloqués mais heureux, confiants, retourneront dans leurs cachettes manger leur triste pain plat avec deux ou trois fèves. Quelques jours, quelques semaines plus tard ils comprendront que rien n'a changé. L'Allemand a menti. Qu'est-ce qu'ils imaginaient ?

On arrive en vue de Bruxelles. Kurt Asche reconnaît le canal. Une vérité le percute et lui dessine un sourire sur le visage : jamais il ne laissera quiconque sortir de Dossin. Le Reich réclame son savon. Il faut nourrir le brasier.

7

Est-ce que j'ai bien fait ? Youra se pose la question. Il avait espéré que toute pensée le quitterait, une fois qu'il serait sur son vélo, à pédaler avec Robert et Jean. Mais ce n'est pas le cas. Est-ce que j'ai bien fait d'embarquer ces deux lascars avec moi ? Est-ce qu'ils sont parfaitement conscients du risque ? Est-ce qu'ils ont pu exercer leur satané libre arbitre, comme le veut la bienséance, comme le veut la morale ? Ou bien est-ce moi qui leur ai joué un tour en les prenant par les sentiments ? Il n'a même pas eu besoin de sortir les violons, de convoquer le bon vieux temps où on était scouts, les bancs de l'école, les principes, la liberté, l'honneur.

N'empêche. Youra a honte, un petit peu, comme tous les intellectuels qui réfléchissent trop. Et il s'en veut d'avoir honte. Toujours, tournent en lui les pensées, les doutes, les questions, les phrases, c'est une fatalité contre laquelle il ne sait comment lutter : ces principes, coulés dans le bronze de sa certitude, qui à la fois l'étouffent mais qui le fondent. Il a en lui la nécessité d'agir face à l'ennemi, une nécessité qui sommeille et qui le mobilise à présent. Qu'on ne vienne pas lui parler de courage ni d'idéal. Il lui faut agir comme le loup traque l'agneau : pour assouvir quelque chose, pour céder à son débordant orgueil. S'il reste à ne rien faire, il aura toujours le goût qui lui reviendra en bouche. Mais eux ? Jean ? Robert ?

Qu'il serait bon de ne rien savoir, pense Youra. De n'avoir rien compris. De vivre sa vie à l'emporte-pièce comme les bienheureux des rues qui se lamentent du temps qu'il fait ou des méchants Allemands, indifféremment. Que ce serait bon de pouvoir attendre les jours meilleurs simplement en se réjouissant des victoires anonymes des autres gens.

Ils ont l'air de trois kets : les vélos leur donnent des silhouettes de jeunes types qui ne savent pas trop où ils vont. Surtout quand il faut se mettre en danseuse dans les montées de la chaussée de Louvain. Mais il ne faut pas se fier aux apparences, Youra a fait son repérage sérieusement. C'est Choura qui a choisi l'endroit : une montée, après un tournant, dans les bois. Le train devra obligatoirement freiner, la lumière rouge de leur lanterne lui dira de s'arrêter. Et ensuite, quoi ? Ensuite, les gardes postés dans le premier wagon se mettront à les arroser du feu de leurs mitraillettes et ils seront déchiquetés. Le train repartira et les passagers prisonniers n'auront nourri que quelques secondes d'espoir, entre deux rafales entendues de loin. Le long de la voie, le lendemain, un cheminot trouvera trois corps anonymes. Voilà.

Le vrai héros de la famille, c'est Choura. Mais Choura est chez Willie, sa maîtresse. Pas pour la gaudriole : avec une balle dans chaque jambe. La semaine dernière, avec son pote David, lui aussi membre des Partisans armés, il a attaqué un commissariat pour les armes qui s'y trouveraient. À la sortie, ils se sont fait allumer ; Choura s'est pris deux balles, mais il n'a pas eu mal sur le coup, il a continué à courir jusqu'à chez Willie. La jeune femme a obligé son mari à recueillir son amant – présenté comme un simple camarade. Le grand et fort Choura a été forcé de s'arrêter, de s'allonger et d'accepter l'aide qu'il était venu chercher. À présent, il grogne comme un lion en cage, et devient agressif quand on est trop gentil avec lui.

Le soir même Youra est accouru au chevet de son frère, mais impossible d'enlever les balles sans un minimum de matériel, alors le jeune médecin a dû les laisser là où elles étaient, une dans la cuisse gauche et l'autre dans le mollet droit. Elles continueront leur sale besogne invisible en infectant les tissus. Allongé sur son divan, Choura essayait d'être drôle pour montrer qu'il était parfaitement heureux, avec ses deux balles, son amante secrète, et le mari qui lui demandait sans cesse s'il avait mal, très mal, si la douleur était insupportable. Jusqu'à faire douter Choura : et s'il avait tout découvert et se vengeait en l'accablant de sollicitude ?

Youra n'en est pas resté là : hors de question que son intervention se solde par un échec. Il est revenu avec le docteur Dumont. Mais lui non plus n'a rien pu faire, malgré ses trente ans d'expérience et sa sympathie pour la cause. Alors ce soir, c'est direction la clinique

Édith-Cavell, sous une fausse identité. Choura y restera le moins de temps possible, et puis David lui trouvera une nouvelle planque, comme il l'a promis. Et voici qu'avant-hier Youra croise Joseph Jospa, qui lui confie l'information : c'est pour le 19 au soir. Beaucoup trop tôt pour que Choura soit sur pied. Alors c'est à son tour d'entrer dans la danse…

Youra pense à sa mère, qui va se faire un sang d'encre. Pendant des semaines il en a voulu à son aîné d'avoir choisi la vie clandestine. Les actions d'éclat, c'est bien beau, mais ça prend tout le monde en otage. Et voici qu'il s'apprête à rejoindre Choura à sa manière. Rachel aura deux héros comme fils, ça rétablira l'équilibre. Youra est-il jaloux de Choura ? Sans doute. Désormais, l'aîné n'aura plus le monopole de l'action. Le plus intellectuel des deux s'y met lui aussi. Et la mère n'a plus qu'à assumer son éducation, ses discours, ses valeurs. À trop semer l'intégrité, on récolte les tourments personnels. Ce soir, Youra rejoint son frère dans les ordres.

Jean zigzague pour éviter de coincer sa roue avant dans les rails du tram, et ça fait sourire Youra, parce qu'il faisait déjà ça quand ils avaient huit ans. Jean a toujours zigzagué, et il continue, entre musique et théâtre, entre les maths et le dessin, entre l'engagement et la contemplation. Pamplemousse est parti en Espagne un matin de juin 36. Il en est revenu avec de quoi faire rire son monde à l'infini : cantonné dans un village aussi anonyme qu'aride, il n'a pas tiré un seul coup de feu. L'activité principale était l'attente. Parfois, quelqu'un se mettait à chanter. Alors il entonnait les airs partisans avec les autres, sans bien comprendre toutes les paroles mais avec la mine de circonstance. Puis on se déplaçait dans un autre village aride. Et on attendait. Avec une seule question en tête : est-ce que quelqu'un allait se mettre à chanter ? Voilà. C'était ça, sa guerre d'Espagne. Rien de très donquichottesque, dit Pamplemousse. Ou plutôt si, mais quand Don Quichotte attaque les moulins.

C'est peut-être pour ça qu'il a accepté. Ça fait des années que Youra et Jean n'ont plus fait que se croiser, à part quand le jeune médecin vient voir son ancien camarade après les représentations pour le féliciter. C'est parce qu'ils ne se voient plus que Youra a osé lui demander, de but en blanc, ce qu'il penserait d'une attaque de train. Il avait employé l'expression exprès, pour sonner comme dans un film de John Ford, pour laisser à Pamplemousse l'occasion de botter en touche. Une attaque de train, très peu pour moi, je laisse ça aux cow-boys… Mais le comédien a seulement demandé un peu plus de détails, puis le temps de la réflexion. Puis il a dit qu'il en serait.

D'un mouvement du menton, Robert leur indique quelque chose. Sur le trottoir une femme arbore un chapeau extravagant et des gants couleur crème, comme si elle était à Longchamp pour assister aux courses. Alors qu'elle sort son caniche. Les derniers rayons éclairent la longue avenue, et Madame prend des mines, et tout son temps, pour qu'au bout de son bras Mirza produise son œuvre. « Bravo Madame ! Vive la France ! » C'est Jean qui a crié.

Place Meiser, il faut faire gaffe aux trams qui arrivent d'un peu partout. Les garçons esquivent, contournent et posent les vélos contre un réverbère pour attendre Richard, qui déboule, en costume, essoufflé. Il est souvent en retard, et toujours préoccupé parce qu'à ses heures, Monsieur fait de la Résistance. Ingénieur, il a été engagé par une grande firme de travaux publics, alors il sait des choses sur où les Boches stockent leur essence, et tout le reste. Mais ce soir il n'en sera pas. Trop dangereux. Pas assez préparé. Il ne dit rien pour ne pas décourager les gars, mais il n'a pas changé d'avis depuis la veille, et remet l'arme à Youra.

Rien qu'à voir son allure sur son vélo, Youra avait deviné. Il va essayer de ne pas montrer son mécontentement, mais ça ne sera pas facile. Youra se connaît : un air hautain peut vite le gagner. Une phrase acide peut jaillir. Richard a sans doute raison. C'est de la folie. On se dit adieu d'un signe de tête. Les trois hommes repartent vers l'est, où l'horizon est déjà gagné par la nuit.

8

Dans le seizième wagon, un couple se tient particulièrement tranquille au milieu du tumulte. Hinda et Mendelis Goldsteinas attendent que ça passe, en sachant que ça ne passera pas, et qu'il faudra vivre chaque instant, qui les emmènera toujours un peu plus bas.

Un vieillard maladroit a marché dans la bassine contenant toute l'eau du voyage, gâchant une partie du précieux liquide. Un autre a répandu le seau d'aisances, déjà bien rempli par la chiasse commune qui tient tous les intestins. Pendant le long après-midi d'attente avant le départ, tous ceux qui n'en pouvaient plus se sont succédé pour apporter leur contribution. Ensuite, Hinda et Mendelis ont été les spectateurs d'un laborieux débat collectif où chacun avait voulu dicter sa loi, tel un tribun devant le Sénat, sur le thème : que faire du contenu du seau ? On n'avait pas voulu le vider avant le départ, de peur de représailles des soldats restés sur le quai. Et depuis qu'on roulait, on n'était pas plus avancés : la grille d'aération présentait des orifices trop fins pour qu'on puisse déverser l'odieux contenu sans que le vent le vaporise à l'intérieur. Alors la chose a été conservée dans son coin. Jusqu'à ce qu'un vieux renverse le seau en essayant de s'y asseoir.

Hinda connaissait la suite, et de fait, tous les adultes en ont profité pour élever la voix et gonfler la crinière, hommes et femmes confondus. La merde répandue était le prétexte pour que les humains les plus confiants se posent en chefs. Son Mendelis ne disait rien, comme de coutume, et ainsi ils ont observé en silence, en notant tout mentalement pour plus tard, comme ils l'ont si bien fait depuis des mois. À présent c'est au tour des enfants de jouer à qui criera, qui pleurera, qui gémira le plus fort : comme s'ils exécutaient la partition qu'on attend d'eux.

Hinda le sait, Hinda le voit : elle et son mari sont devenus les enveloppes de ceux qu'ils furent autrefois, comme ces papillons épinglés dans les cadres des halls d'entrée. La matière vivante a disparu, reste le squelette extérieur. Les voici résumés aux vêtements qu'ils portaient ce jour-là. Épouvantails habillés d'eux-mêmes, deux bras, deux jambes, un manteau, un chapeau. On déplace leurs corps comme on le ferait de jouets, de pantins grossièrement articulés.

De semaine en semaine, Hinda n'arrive plus à trouver le sommeil. Une seule question occupe son esprit, le jour, la nuit, jusqu'à la rendre chèvre : reverra-t-elle sa fille, confiée à des inconnus – c'était quelques semaines à peine avant qu'ils ne soient pris. Les prières de Hinda ne s'arrêtent jamais, ni à la caserne où ils sont restés deux mois, ni à présent dans le train. Elles oscillent sans cesse entre les remerciements pour avoir soustrait la petite et les suppliques pour que tout se passe bien pour elle, où qu'elle soit. En troisième lieu, sans oser dissoudre les deux premiers souhaits avec son égoïsme de mère, Hinda formule le demi-vœu de la revoir un jour, n'importe quel jour, même lointain.

Hinda se doit d'être courageuse pour sa fille ; s'il devait y avoir rendez-vous, il faudrait qu'elle y soit. Courageuse également pour son mari, avec qui elle fait équipe plus que jamais. Mendelis lui aussi a un agenda : il s'est juré qu'il ferait sourire sa femme jusqu'au dernier jour. Jusqu'au dernier soir. Comme tout bon Juif qui se respecte, il la fait rire de lui-même. Sa petite existence sous le ciel, sous le soleil, dans la nuit. Il se dépeint en rêveur perdu, en fourmi empressée, en mendiant qui compte sa monnaie.

Mendelis ne laisse pas passer une seule journée sans raconter à Hinda ce qu'ils font, qui ils sont, en croquant les faits et gestes à sa manière. La voix, la parole, le récit ininterrompu les préserveront un peu de la dégradation en marche. Peut-être. Pour l'aider dans sa tâche, Mendelis n'invoque pas les grands auteurs, les philosophes, ni les pages de la Gémara ; il invoque Groucho Marx. L'absurde déshabille les situations les plus graves, les plus sales, laissant les Allemands ridicules dans leur nudité. Nouvel épisode : les voici dans un wagon pour animaux, l'horreur monte du sol, colle aux parois de bois qui tressautent. Les humains prisonniers toussent, prient : l'agonie a commencé. Dans leur coin Mendelis et Hinda se blottissent et résistent aux cahots ; on reste debout – ce qui est déjà quelque chose.

Dans le noir, dos aux planches, Mendelis serre le bras de sa moitié. Pas d'histoire aujourd'hui : juste les corps qui se tiennent et se parlent de leur manière intime. Allez, le jour finira par se lever. Ce voyage aura une fin. Et si elle est tragique, il sera toujours temps de s'en rendre compte et de s'en faire à ce moment-là. En ce qui concerne la tragédie et les caprices du destin, de toute façon, ils ont tiré le gros lot, les époux Goldsteinas. Ce qui fait d'eux des élus parmi les élus, comme le répète toujours Mendelis avec malice.

Chacun sait que l'autre laisse défiler dans son esprit des morceaux de leur histoire commune. Avant qu'elle ne soit placée à Sint-Pieters-Leeuw chez des gens, ils racontaient souvent à la petite leur parcours, à tour de rôle, chacun complétant les phrases de l'autre, un peu comme un conte, pour qu'elle sache d'où elle vient.

À Marjampolé – un nom comme inventé spécialement pour entamer une histoire –, à Marjampolé ils se sont connus, ils se sont aimés. En 24 les pogroms ont recommencé : les vieux en parlaient comme de quelque chose qui reviendrait, et ils ne s'étaient pas trompés. Alors on fait ses valises, on dit adieu aux parents, aux grands-parents, aux oncles et aux nièces, direction l'Ouest, on traverse un morceau de Russie, puis l'Allemagne, une ville après l'autre, un train après l'autre, sans un sou vaillant. On arrive à Anvers, et là on entend parler d'une famille. On les croise, on leur parle, ce sont de vrais Lituaniens comme nous. Ils n'ont pas l'air trop mal. On reste en Belgique.

Mendelis et Hinda ne parlent pas un seul mot de français, mais on apprend vite, en se répétant les mots la nuit : les phrases sont des trésors qu'on collectionne, dans la toute petite mansarde sous les toits. Mendelis s'inscrit à l'université. Certains soirs ils ont un hareng. D'autres soirs ils ont un œuf. En 1930 Mendelis est reçu docteur en chimie. Hinda a déjà son diplôme en sociologie. La Belgique semble leur avoir porté chance, finalement. Leur collection est énorme désormais ; leur collection de phrases en français. En Lituanie, les pogroms reprennent de temps en temps… On n'a pas si mal fait. En 36 naît une petite fille, qui a sept ans désormais.

Et puis les Allemands débarquent. On prend ses cliques et ses claques sans demander son reste, direction la France : les pogroms on connaît et ça commence toujours plus vite que ça ne finit. Tout sera-t-il toujours à recommencer ? Contrôlés, enfermés au camp de Gurs car apatrides, Hinda et Mendelis prennent leur mal en patience. Au moins ils sont ensemble. Au bout de trois mois d'incertitude, ils sont libérés. Direction Marseille, mais on n'est pas seul sur les routes. Face à la Méditerranée, le soleil fait mal aux yeux en se reflétant sur la mer. On attend des papiers pour émigrer aux États-Unis où vit une lointaine famille : un affidavit. Mais l'affidavit n'arrive jamais. Les économies sont épuisées. La petite s'ennuie. Et puis les cousins américains ont cessé d'écrire. On rentre en Belgique, à l'appartement. Les Allemands sont dans toutes les rues. Mendelis est renvoyé de la sucrerie Graef, car les Juifs ne peuvent plus occuper de postes à responsabilité. Mais la sucrerie le réengage aussitôt sous un autre nom. N'empêche, par prudence, on confie la petite. Il ne faut pas être égoïste ; elle sera mieux à la campagne sous une fausse identité. Hinda et Mendelis se procurent de faux papiers, les voilà Yvonne et Marcel Poncelet. Ils quittent l'appartement, louent un morceau de grenier à Forest chez des amis d'amis, ne bougent plus, attendent.

À l'appartement, le temps est long, surtout qu'on n'est plus qu'à deux. Mendelis raconte toujours ses histoires drôles : comme celles des deux énergumènes qui sont en zone libre, au chaud, avec leur fille, la mer et le soleil dans les yeux, et qui se disent : Si on rentrait dans la gueule du loup pour voir s'il va nous manger ? Hinda sourit : il ne leur reste plus grand-chose d'autre à faire, écouter, raconter. Jusqu'au jour où un ami surveillé, lituanien comme eux, frappe à la porte. Il est suivi par le Gros Jacques, le mouchard, celui qui traque les Juifs. Ombre sordide qui épie depuis l'arrière d'une voiture, le Gros Jacques est connu de tous mais personne n'ose prononcer son nom ; Juif mais vendu aux Boches, il est le malheur fait homme, le numéro à ne jamais tirer, la face de la mort, synonyme implacable de torture et de disparition.

— Alors tu es venu chez nous ? demande Mendelis, incrédule. Chez nous qui sommes juifs, et cachés ?

— Oui, répond l'ami. J'ai paniqué. Je ne savais pas où aller. Tout compte fait, ce n'était pas une bonne idée.

— Non, dit Mendelis. Tu l'as dit : tout compte fait.

Toc toc toc. Le Gros Jacques déboule avec ses sbires et son sourire, comme si ç'avait été écrit quelque part. Il les regarde comme un quota, une marchandise ; on embarque tout le monde. Deux mois à Malines. Mendelis et Hinda essaient de s'occuper. Les journées sont très longues. Les collègues de la sucrerie envoient parfois des colis, qui sont pillés. Souvent on pense à la petite. Mais on ne dit rien à l'autre pour ne pas faire empirer.

Les ennuis continuent. Mais on raconte toujours, on fait le portrait de soi-même en forçant le trait pour rendre la réalité plus acceptable : comme dans l'histoire de celui qui se donnait des coups de marteau sur la tête, pour le bien que ça faisait quand il arrêtait. Les histoires qu'on se raconte, désormais, ce sont des histoires du camp. Chacun éclaire la lanterne de l'autre. Tête de Cheval est saoul à partir du milieu de l'après-midi. Ça le rend plus calme ; mais plus imprévisible… L'adjudant SS Boden est plus coulant avec les femmes. Mais pas celles qui minaudent : celles qui sont dignes…

En deux mois, ils ont le temps de prendre toutes les habitudes. Les seaux glacés envoyés par les SS du premier étage, les nuits de gel. La gymnastique obligatoire. Les latrines perpétuellement hors d'usage. Et le mépris. C'était ça le jeu, ils l'ont tout de suite compris : à toute heure du jour ou de la nuit une attitude, un retard, un geste, un mot peuvent attirer l'attention de quelqu'un de plus haut placé dans la hiérarchie. Et déchaîner sur vous les coups, les punitions, les humiliations. Hinda et Mendelis mettent tout ça dans un coin de leur tête. Quand ça ne va pas, ils pensent à la petite. Très souvent, Hinda imagine la famille où elle est placée, ceux qu'ensemble ils appellent « les Belges ». Ces Belges-là, inconnus, anonymes, résument tous les autres. Ça ne peut être que de braves gens. La Belgique en est pleine, alors pourquoi pas ? Des fermiers. Ou des petits commerçants ; sûrement qu'ils la traitent bien, car sinon ils ne se seraient pas portés candidats. Hinda répète le nom du village, fait rouler les mots en flamand : Sint-Pieters-Leeuw. Elle se redit les mots à l'infini, parfois elle les murmure. Ils sont lourds de promesses : *leeuw* veut dire lion, et le lion tapi dans ce nom veille sur leur fille.

Et puis le grand jour arrive. Le jour du train. Est-ce que Mendelis aura encore de la force pour quelques histoires ? Des histoires qui les mettront au-dessus des bourreaux pour un peu de temps ? Faire le gros dos, encore. Il faut à tout prix rester présent à soi-même, vigilant, ne pas entrer en léthargie ; car à tout moment la donne peut changer. Hinda a encore en elle ses cours de sociologie, Darwin, la loi du plus fort. La vie sourit à ceux qui savent être patients. Il faut se mettre en boule, mais rester prêts pour le cas où… ; fatigués, brisés, mais encore un tout petit peu prêts quand même. Hinda se souvient de ce que leur avait raconté le professeur Chardomme, l'histoire du chat et du chien qui étaient tombés dans un puits à sec. Aussitôt au fond, le chat se recroqueville et ferme les yeux. Il attend. Le chien pleure, il gratte, il s'use les pattes, pleure encore. Personne ne vient. Personne n'entend. Au bout de trois jours à gratter, à pleurer, le chien meurt. Le chat est toujours en boule. Il n'a pas bougé. Est-ce qu'il vit seulement ? Rien le quatrième jour. Rien le cinquième. Le sixième : rien. Le neuvième jour, un seau au bout d'une corde tombe au fond du puits. Le chat ouvre un œil à demi.

L'énergie qui lui reste, il la convoque toute. Il saute dans le seau, qu'une main invisible remonte lentement.

Hinda se dit qu'elle se berce d'illusions avec son histoire. Nul seau ne se présentera, à part celui plein de diarrhée collective où elle devra s'asseoir à son tour, tout à l'heure. Au fond d'elle-même, elle sait qu'aucun lion issu du nom d'un village flamand ne veille sur sa fille.

9

Le dos contre les panneaux de bois, Régine n'est plus tout à fait là. Elle est entre deux vérités, entre le wagon et ailleurs. Le wagon, dont l'écœurante odeur de fleur sucrée a commencé à s'estomper. Elle évolue dans un futur impalpable, quelque part dehors, là où la vie continue, ce dehors qu'elle a entrevu tout à l'heure juste avant de monter. Ce lieu où les gens ont des soucis et des contingences et des enfants, ce lieu où ils sont encore des gens. Malgré l'uniforme préservé, malgré l'exercice de la pensée, Malines l'a usée. Elle se rend compte à présent que dans quelques instants ce sera tout ou rien. Les barreaux sont sciés, sauf un. La voie est libre ; la décision est prise.

Le jeune médecin est venu d'un pas mal assuré. Lui aussi voulait l'avertir : elle allait vers une mort certaine, des soldats étaient postés un peu partout avec des lumières, le wagon juste derrière, elle allait se faire tirer comme un lapin, c'était ça qu'elle voulait ? Et puis il s'est tu au milieu d'une phrase comme si quelqu'un l'avait débranché, et on ne l'a plus vu. Sans doute qu'il s'est blotti dans un coin avec son stéthoscope, qu'il écoute les battements de son propre cœur pour savoir s'il est vivant ou mort, et que ça se mélange aux geignements des corps et au bruit des roues sur les rails.

Régine est entre deux réalités, entre dehors où la nuit est claire, où il y a de l'air et de l'herbe, et l'intérieur de ce wagon. Le train va sûrement finir par arriver quelque part. Là tout recommencera, elle ne pourra être, de nouveau, qu'une brebis consentante, faute de mieux, avec tout ce qui peut salir – les cris les injures les coups –, et surtout la honte d'avoir été amenée jusque-là à jouer leur grand jeu, à entrer dans leur danse.

Elle est partagée entre ce wagon et ses amis du FLA, son cher Front de libération autrichien. Ses amis : elle sait encore parfaitement leurs visages, elle les garde comme une collection de noms, et aussi de voix. Ces voix chuchotent à son oreille, et voici les soirées, la lutte, l'espoir, les bouteilles vides et les cendriers pleins. L'odeur de l'encre. Le pochoir et les tracts qui prennent vie un par un.

Souvent Régine se rappelle la fameuse soirée, la fameuse dernière soirée, celle du 19 janvier, trois mois, très exactement trois mois plus tôt : ces trois mois qui ont eu pour elle la molle éternité d'un mauvais rêve, mais qui ne seront plus qu'un passage minuscule, une parenthèse à oublier, si elle vit.

Elle était chez Bobby, Bobby qu'elle appelait Carlos parce que ça faisait plus argentin et que c'était d'Argentine qu'il venait. On avait ri (pas trop fort), on avait beaucoup parlé comme toujours, refait le monde – en un peu moins bancal, en un peu moins laid –, et puis on avait été se coucher en se disant que la voiture garée dans la rue n'était qu'une voiture garée dans la rue.

Mais quand on avait sonné et frappé et crié tout en même temps au milieu de la nuit, il avait bien fallu repenser à la maudite voiture et se maudire de n'en avoir rien fait. Pendant que Bobby filait en caleçon par la fenêtre arrière avec Harry, elle s'était vite parée de ses habits d'infirmière, toujours là, toujours prêts comme un bouclier. Dans le noir de l'appartement et de l'atelier encombré, les Gestapistes hurlaient, râlaient et se cognaient. Avant qu'ils ne se ruent vers les fenêtres de l'arrière restées ouvertes sur les amis échappés, Régine a pu se fabriquer une mine de jeune femme absolument seule, et endormie. Pour gagner du temps et attirer toutes les attentions, elle a même dit qu'elle était juive. Elle savait que ça leur plairait. Je suis juive et infirmière. Voici mes papiers.

Les Boches sont heureux, ils ont fait mouche, ils se rassemblent autour de la frêle silhouette, leur prise de la nuit ; ils ne voient plus les fenêtres. Quand ils finissent par les voir enfin, ils sont très fâchés. On embarque Régine dans un camion. Elle est emmenée dans une cellule, dans une cave, sur un banc. Il y a beaucoup de noms inscrits sur les murs. Ézéchiel, Myriam, Abraham… De quoi réécrire tout l'Ancien Testament.

Toutes les deux heures on l'emmène dans une autre pièce et on lui demande où sont partis ses comparses. Parfois on la frappe sans un mot et on la ramène sur son banc. D'autres fois on lui explique calmement ce qu'il en coûte de distribuer des tracts. Les années de prison. Les camps. Le petit homme à lunettes qui dirige les opérations n'arrive pas à choisir une direction cohérente, pense Régine, une tactique, une stratégie. Il devrait, pourtant. La souffrance physique qui te rabaisse et ramollit ton cerveau… Ou alors le désespoir intellectuel qui te prouve par A + B que ta cause est entendue… Ça, ça pourrait bien mieux marcher sur elle. Régine est une cérébrale, et si le petit bonhomme à lunettes lui démontrait patiemment que c'est statistique, qu'ils sont beaucoup trop nombreux, tous ces Allemands, millions et millions à sortir de terre comme d'une fourmilière inondée… Alors, peut-être finirait-elle par abdiquer, revoir sa tactique, baisser les bras, se rendre, raconter.

Mais il fait signe qu'on la frappe. Le préposé vise son nez ou sa glotte, des petits coups secs de son poing serré dans un gant de cuir. Régine encaisse, crache, tousse, et rit sous cape car elle se connaît. Le mal renforce les caractères comme le sien, têtu, presque borné. Elle vit dans un tout petit corps de femme depuis vingt-deux années. Même s'il est tendu, même s'il est musclé, c'est là un tout petit corps de femme, et le type aux lunettes a dû se dire que ce serait facile. Elle n'est que la petite amie de l'un de ces illuminés qui n'ont rien trouvé de mieux à faire que de distribuer des tracts antinazis aux soldats du Reich, en pleine rue. Une petite infirmière impressionnée par ces idéalistes qui croient en la paix, et dont les « actions d'éclat » ne sont que piqûres de moucheron pour l'impassible lion allemand. Elle est là pour leur prodiguer des gâteries à tour de rôle tellement elle est excitée de partager une planque avec eux, la jeune sage-femme juive, et voici qu'elle déchante.

Une petite séance va complètement la déboussoler. Ha-ha-ha, elle est bien bonne : c'est la sage-femme qui va accoucher. Mais elle ne sait rien. Tout à coup, le triste petit bonhomme a décidé qu'elle ne savait rien. Qu'on la ramène à sa cellule. Ils ne lui ont sans doute rien confié d'important ; ces abrutis pacifistes ne sont pas débiles, tout de même…

Régine contemple la nuit à travers la lucarne du wagon. Pour la dixième fois, elle répète mentalement le mouvement, la traction des bras, les jambes qui sortent les premières, elle qui s'assoit de face. Et puis qui se retourne. Puis qui se laisse descendre. Puis qui tente de voir à droite et à gauche. Qui se lâche, et à Dieu vat. Mais avant il faut que le train ralentisse. Il faut une montée. Régine tente de visualiser le paysage à l'extérieur rien qu'en écoutant les bruits que fait le train, l'espace entre les *tac-tac* des rails, la locomotive. Le vent.

10

On a sorti les écharpes des poches des vestons. Les pieds font tourner les pédales. Les pavés font vibrer les vélos à l'unisson. On dirait trois étudiants qui cherchent un lieu de fête, et c'est presque ça. L'opération tient sur trois types à vélo, une lampe-tempête achetée la veille, et trois pinces coupantes. Plus le revolver prêté par Richard.

On traverse les villages sans bruit. Il est neuf heures. Plus tôt, entre deux moments de silence, Pamplemousse les a encore fait rire en racontant comment les Comédiens Routiers se sont approprié *Hamlet, prince de Danemark*. Ils l'ont déjà joué tout l'hiver, et chaque tirade est prétexte à fustiger le Boche, ce qui déclenche des rires à répétition. Résultat : les représentations durent quatre heures et demie. De toute l'histoire du théâtre, affirme Pamplemousse, jamais une tragédie n'aura autant fait rire. Youra visualise la scène. « Il y a quelque chose de pourri au royaume de Danemark… » Pamplemousse dévisage les gens ; il porte un collant et des espèces de babouches médiévales. « Quelque chose de pourri. Et de vert. Et qui pue. » Il n'en faut pas plus.

Youra convoque les forces de la nuit, comme dans un opéra magique, dans un conte maudit, un roman gothique. Il avance sans peur ni haine vers un destin déjà écrit. Il a décidé que tout était dit ; il n'y a plus qu'à faire. Les actes seront posés, et advienne que pourra, son destin est en marche, et celui de tous ceux vers qui il roule.

Il faut assumer de venir en héros. Il n'y a plus de place pour les tourments, les *et si,* les *si jamais.* Un désir de mort, peut-être ? Un besoin de dire *moi aussi* ? Qu'importe. Il roule avec ses compères. Plus rien à faire qu'accomplir les gestes. Il y a des visages connus dans ce train, mais Youra évite les noms, les listes, il roule vers une idée. Il roule vers la chose à faire et tant pis. Joseph Jospa, l'éminence grise, lui a bien dit de ne rien faire finalement, surtout ne rien tenter, mais le ver est dans le fruit. La justice exige des choses de lui. La justice est parfois exigeante comme la faim.

Youra se revoit qui traverse la pharmacie, petit signe de tête de connivence. Au premier étage, le bureau où Jospa mène ses affaires, pour les gens, pour la liberté, contre l'ennemi. Avec ses binocles sur le nez, son air de fourmi affairée, ses phrases bien pesées comme en prononcent les professeurs des écoles, Jospa lui expose les pour, et surtout les contre. Le train, eh bien tu sais, les partisans passent leur tour. Pour une telle affaire, il faudrait vingt ou trente hommes ; une bombe, des fusils, des munitions, un combat. Est-ce que le jeu en vaut la chandelle ? Pour les partisans, pas cette fois. On vient de perdre dix-huit camarades, sans parler des otages exécutés. Les Boches montrent leurs crocs jaunis. Dans le cas si improbable d'une demi-réussite, que fera-t-on de ces braves gens normaux sortis du train incrédules ? Que fera-t-on d'eux dans la nuit ? Ils ne savent même pas courir ni tirer ni disparaître. Ils savent seulement mourir. Que fera-t-on d'eux dans Bruxelles ? Ils retrouveront leurs caches où les Allemands viendront les cueillir de nouveau.

Voilà ce que les partisans ont dit à Jospa, l'éminence grise. Jospa qui le répète avec conviction. Mais Jospa le voit bien dans les yeux du vieux jeune homme en face de lui : le ver est dans le fruit. Youra est un terreau où l'idée a pris racine, un terreau trop fertile ; pour lui, les braves gens normaux en valent la peine. Il les voit déjà qui fuient dans le noir, comme des ombres ils disparaissent entre les arbres, se volatilisent. Les gens sont toujours un peu plus braves qu'on ne le pense.

Dans la sacoche sur le porte-bagages de Robert, la lampe attend qu'on l'allume. Les pinces sont prêtes à mordre. La nuit couvrira leurs gestes, la surprise laissera les Allemands à s'engueuler, à vociférer, à s'entre-tuer. Et même si personne ne bondit, même si le train les écrase sans les voir, même si… Ils seront allés avec leurs vélos jusqu'au lieu dit. Ils auront fait les gestes. Malgré la date connue trop tardivement ; malgré le risque trop grand, les Allemands postés à l'avant armés jusqu'aux dents ; malgré les partisans qui passent leur tour.

Un moment Jospa avait aussi pensé aux étudiants, les étudiants saboteurs de l'université. Eux ne sont pas des soldats mais des amateurs. Ils ont pour eux la souplesse du petit nombre. Mais les étudiants saboteurs ont pesé le risque. Un train, c'est bien pour le symbole, un train plein d'innocents, mais le casse-pipe, quand même, ça décourage. Brûler des entrepôts, faire sauter des ponts, tirer depuis une voiture, d'accord... Mais seul dans la nuit face aux tonnes d'un convoi en marche... Voilà un boulot pour des soldats. Youra est resté seul avec ses visions de train qui freine.

Depuis, les visions de train qui freine le tourmentent. Le crissement sur les rails, les étincelles. Des voix, des cris, des détonations, les balles qui sifflent. Mais surtout le train qui freine. Et l'espoir bizarrement coupable : la vision des gens qui s'échappent. Youra a rêvé qu'ils volaient comme les pigeons qu'on convoie jusque dans le midi de la France pour voir lequel reviendra le premier. Les cages en osier font mille kilomètres dans des trains ou à l'arrière des camions, et puis voilà qu'on les libère. Une frénésie d'oiseaux qui partent à tire-d'aile dans un vrombissement. Youra a rêvé d'une porte qu'on ouvrait et de Juifs qui s'envolaient, puis il s'en est voulu d'avoir fait ce rêve. Quand on est un diplômé de vingt-cinq ans, médecin, polyglotte, on ne rêve pas de vieux Juifs en manteaux qui volent dans la nuit flamande.

11

Ses mains sont crispées sur les planches comme les serres d'un oiseau de nuit. Le vent est frais au dos de Régine et elle a envie de rire. Mais elle reste concentrée, rire ou mourir, il faut choisir, et elle peut encore mourir si elle choisit le moment inapproprié. Il y a parfois des ponts. Il y a parfois des poteaux de fer qui portent on ne sait quoi. Des poteaux où elle s'incrusterait, où son corps éclaterait comme un melon bien mûr. Il y a des endroits où le sol se dérobe, tout devient noir et absent. Il faut encore choisir son moment, croire que tout est déjà dit, déjà écrit quelque part. Régine regarde à droite, à gauche. Le train a ralenti, on distingue un paysage de champs, de bosquets, une campagne calme, inconsciente de l'horreur qui s'y promène, une campagne que Régine va rejoindre dans un instant ; ses pieds fouleront l'herbe, elle sera légère.

Un regard à droite, un regard à gauche, Régine jette un œil à la lucarne dont elle vient d'émerger comme d'une chrysalide. Sa cape d'infirmière bat dans la nuit. Elle fait trop de bruit et pourrait se prendre dans les roues si par malheur elle sautait trop près. Sa chère cape qui l'a si bien distinguée pourrait l'étrangler en un éclair, après avoir été happée par les bielles. Régine chasse cette idée, regarde à droite, à gauche, pousse de toutes ses forces contre la paroi. Et voici que quelque chose claque dans la nuit ; comme un grand drap blanc qu'on aurait lancé d'un train. Au creux du drap, quelque chose vit ; un esprit, une frêle jeune femme, suspendue entre un wagon en marche et un talus caillouteux, terreux. La forme vole. Elle n'est pas au sol, elle n'est pas plus au train, elle appartient à la nuit.

Sur le bas-côté caillouteux, terreux, la jeune femme s'écrase avec ses genoux, ses coudes, son menton, son front. Face contre terre mais les yeux ouverts, Régine voit le train qui file, trop lentement, elle le voudrait disparu, la nature rendue. Mais le train freine, freine encore, il s'immobilise, beaucoup trop près. Que fait-il ? A-t-il deviné, a-t-il senti le papillon de nuit qui le quittait ? Est-ce qu'il attend, mécontent, que ses passagers soient au complet, qu'elle revienne sagement, volontairement, reprendre sa place parmi les mourants ?

Un coup de feu. Régine baisse la tête. Elle reste collée au sol, elle se veut lourde, elle enfouit ses membres dans les herbes et la terre et les cailloux. On tire encore. Le train est silencieux. Et puis des cris, Régine entend des gens furieux, des gens qui ont peur, des gens qui hésitent. Régine fait une tache blanche dans la nuit ; quelque chose qui brille. On tire encore, sur elle certainement, sur ce qu'elle était il y a un instant : l'éclair blanc. Les cris approchent, des hommes en armes sont descendus du dernier wagon, ils marchent vers elle, ils l'ont vue. Elle s'enfonce encore un peu plus dans la terre, elle voudrait être engloutie, pourquoi n'a-t-elle pas couru quand elle a touché terre, couru vers les bois, les bosquets, les champs ?

Mais les uniformes en ombre chinoise sont avalés par le train. Un crissement : les roues s'arrachent aux rails. Le train revit et bouge, d'abord vers elle, pour un mètre ou deux, puis les bielles courageuses l'entraînent vers l'avant, vers l'Allemagne.

Régine n'ose pas relever la tête, le train part et il semble qu'elle soit toujours là, malgré le blanc sous la lune et les soldats. À présent, il n'y a plus de wagons sur la voie, plus un bruit. L'image du convoi a été effacée par une main géante et bienveillante. Tout est là, les arbres la voie le ciel, mais pas lui. Régine sort de terre. Elle irradie dans la clarté lunaire. Elle crache les graviers boueux où elle a mordu pour que rien ne s'échappe d'elle. Ni cri ni larme ni air. Elle enlève les petits cailloux incrustés à son front, frotte ses genoux, redresse sa coiffe toujours en place – petite coquetterie du destin. Ses jambes déjà se sont mises en route. Elle va remonter la voie, l'histoire n'est pas encore finie, elle va retrouver Bruxelles. Le vent frais va la ranimer sans doute, lui faire accepter l'image trop de fois imaginée pour être vraie – et pourtant : elle libre dans la nuit.

12

Le train va arriver, comme dans un de ces westerns du dimanche, et comme dans un western il n'y aura plus de demi-tour possible. Tu t'es vu intrépide, pense Youra. Tu es venu sur cette voie, en cette nuit.

Pour ne pas rester prisonnier de l'attente, Youra imagine l'*après*, la suite des opérations. Les choses se présentent bien. Il repense à cette autre nuit, celle où il a sympathisé avec « monsieur le Comte ». Malka avait fini par céder, et on avait rejoint Romanovitch dans un café du boulevard Anspach. Curieusement, le courant était bien passé entre le faux Russe, aventurier sans scrupules, et Youra, qui forçait le trait dans son numéro d'intellectuel et de débutant. L'air de rien, Romanovitch semblait très bien introduit. Avec ses innocentes anecdotes en rapport avec le « sport national » – gruger l'occupant, en s'en mettant plein les poches –, il semblait connaître tous les lieux, toutes les dates, tous les gens importants.

Pourtant, tout aurait pu tourner au vinaigre, tant le Comte l'avait d'abord pris frontalement.

— Tu es qui, alors ? Un zazou, c'est ça ? Un intello ? Un apatride ? Ou un simple Juif ?

Malka avait répondu à sa place.

— Pas très simple d'être juif, ces derniers temps.

Youra regardait le Comte sans ciller.

— Youra, finit-il par lâcher.

— Youra, ça sonne drôle...

— Oui, avait répondu Youra, ça sonne drôle. Ça commence comme « youpin », mais ça finit comme « hourra ».

Figé, Pierre Romanovitch. Il dévisage Youra comme s'il n'avait pas entendu. Et puis il part d'un grand éclat de rire. Il lui plaît, le jeune médecin. Une demi-heure plus tard, on en est déjà aux confidences.

— Tu connais leur dernière invention ? Ça s'appelle « l'inventaire ». Une superbe idée, magnifiquement boche. Tu sais qu'ils confisquent tous les avoirs, les stocks, les magasins ? Et tu sais qui règle la note pour l'inventaire ? Le type à qui on prend tout. Véridique.

Dans sa gabardine claire, les jambes croisées, le Comte multiplie les gestes censés lui donner un charme de dandy.

— Des Boches s'amènent, *toc-toc*, ils comptent pendant des jours. Ensuite ils envoient la note au petit commerçant : jusqu'à trois, quatre, cinq mille francs ! Et puis ils lui prennent tout, confisqué, jusqu'à ses chaises, jusqu'à son lit. Mais il a la consolation de savoir exactement ce qu'on lui a pris, au franc et à l'article près. Donc, le gars est heureux. Ou devrait s'estimer heureux. On lui a laissé la vie, oui ou non ?

Face aux approbations de Youra, Romanovitch s'enhardit. Le *Judenrat* est une « invention parfaite ». D'ailleurs c'était l'idée de Heydrich, le Boucher de Prague, quel surnom charmant, qu'est-ce que tu en penses ? Le *Judenrat*, c'est tutoyer les sphères célestes du génie. Pourquoi ? Parce qu'on part de la constatation que les Juifs adorent contrôler leurs petites affaires. Très bien : ils s'occuperont eux-mêmes de s'envoyer les uns les autres en enfer. Recensement, convocation à Malines, tout. Avec le bel en-tête du *Judenrat*, les jeunes se précipitent en espérant qu'on épargnera leurs parents. Un régal.

Lassée des surenchères où chacun voulait le dernier superlatif, le dernier bon mot, Malka avait fini par s'éclipser. Mais la soirée ne faisait que commencer. On avait changé d'endroit pour un bar plus « cosy », où le Comte avait table ouverte. Là, Youra et Pierre ont comparé leurs moyens d'échapper au travail obligatoire, pour constater que chacun se prétendait « hautement indispensable » à l'effort de guerre, ici, au pays. Hilare, Romanovitch avait trinqué à la santé des indispensables. L'alcool aidant, et le plaisir de dire du mal des gens, Youra aussi s'y était mis, jusqu'à évoquer ses soirées avec Marcel au 51, et comment on avait caché la rotative servant aux tracts dans la cour d'un voisin, quatre minutes avant l'arrivée des Boches.

Vers minuit, Romanovitch avait décrété qu'il était l'heure d'aller coucher avec des actrices. Mais Youra l'en avait dissuadé : coucher avec des actrices, c'était à la portée de n'importe qui. Devenu subitement grave, le Comte avait déclaré qu'il avait « mille fois raison », et que cette nuit méritait des actes autrement plus forts, des actes réellement inutiles, quelque chose de totalement gratuit, par exemple claquer une somme indécente d'argent. Mais à quoi ? Youra ne savait plus comment ils avaient atterri dans la traction avant du Comte à rouler trop vite, mais c'est ce qu'ils avaient fait, se mettant d'accord que la « beauté du geste » était très souvent liée à la « laideur du geste », et ils avaient trinqué à cette vérité sublime avec une bouteille de vrai champagne où ils buvaient au goulot, après qu'elle se fut matérialisée dans la voiture comme par magie.

— On va aller à une soirée. Ça te dit ?

Il est deux heures trois quarts à la montre de Youra, mais Pierre Romanovitch ne connaît pas le couvre-feu. Le sous-fifre qui l'entraverait en prendrait pour son grade, direction le front de l'Est.

— Chez le gouverneur, c'est à deux pas. Je suis invité. Je t'invite.

Youra hésite.

— Allez. Je mets mon smoking, il est dans le coffre. Et toi ta jolie étoile jaune. Ça va être tordant.

Youra le dévisage. La mention de l'étoile, c'était limite. Un test, sans aucun doute. Malgré l'heure, l'alcool et les confidences, on se jauge à l'avant de la Citroën. Les esprits sont subitement dégrisés. Entre les deux hommes vient de surgir l'image d'une splendide jeune femme, amie de l'un, maîtresse de l'autre. Elle les toise sans merci.

— Tu pourras voir Kurt Asche. Le responsable de la question juive en Belgique. Tu veux ?

Pierre sent que Youra va craquer.

— Je suis son esclave. Ou plutôt sa créature. Mais maintenant il a peur de moi. Comme dans *Frankenstein*. Tu as vu *Frankenstein* ?

Youra quitte brusquement la voiture de Romanovitch et cette fameuse nuit. Robert le pousse du coude, il revient à lui. Le train arrive, comme le prouve le panache blanc au-dessus des arbres, comme le prouve le son qui s'amplifie. Youra sourit car elle est pour lui, cette surprise bientôt révélée. Il est venu pour le train, et le train vient à lui. Il est heureux, soulagé ; fini d'attendre, de ressasser, il n'y a plus qu'à vivre. Robert a déposé la petite lampe sur la voie ; la flammèche va arrêter les milliers de tonnes de fer. Youra jubile face à la grandeur du moment, qui gonfle encore. Tout se condense et joue des tours à son esprit. L'idée qui s'impose est qu'il aurait dû emporter des tartines. Se profile aussi la question : le conducteur freinera-t-il ? Mais ce sont les tartines qui l'emportent.

Y aura-t-il un matin ? Question romantique s'il en est, mais qui ne se formule qu'à moitié. Est-ce qu'il a dit au revoir à Jacqueline ? Quels sont les mots exacts qu'il a prononcés ? Toutes les questions forment des unités bien nettes dans sa tête. La vie est un amas d'atomes. Les atomes, parfois, font des cellules. Certaines cellules forment des êtres, et ces êtres sont vivants, certains êtres ont des pensées, certaines pensées deviennent des actes, certains actes prennent du sens, d'autres se fondent dans l'oubli. Les actes s'empilent comme des cartes, on croit choisir, on subit. Le train est là avec ses lumières ; étrangement Youra n'a pas peur. Caché derrière un arbre, il le regarde comme un animal vivant. Tout à l'heure il tirera en l'air pour attirer à lui les méchants. Se peut-il que ce soit si simple ?

Mais le train lui passe devant. Il roule sur la lampe qui disparaît. Merde. Le train avance de toute sa masse et pourtant, tout ce raffut et toute cette fumée, est-ce que ça ne veut pas dire qu'il freine ? Inébranlable, le train continue vers sa vie, l'Allemagne et la Pologne, la Russie peut-être. Et puis voici qu'il s'arrête.

Le silence est complet ; Youra revient à lui, il est beaucoup trop loin de la tête du convoi, son plan est par terre. Alors il court dans la nuit entre les arbres, au mépris des branches et des pierres, il vole vers l'avant du train et sa place idéale. C'est là qu'il jouera son rôle : celui de vingt ou trente partisans armés.

Youra ralentit, il distingue les silhouettes des policiers dans le premier wagon illuminé, certains sont affalés contre les vitres ; la routine, la nuit. Ils n'ont même pas l'air surpris qu'on s'arrête, de leurs corps émane une profonde lassitude. Youra se faufile entre les arbres vers l'avant du train, encore trente ou quarante mètres et il sera en place, à pied d'œuvre pour tout voir et tenter de contrôler. Hors d'haleine, il reprend son souffle contre un arbre. Toutes ces secondes qui passent sont utiles à Robert et Jean, ce sont des secondes riches.

Dans le silence, à travers les planches, la voix d'une petite fille qui demande en yiddish si on est arrivé, maman, est-ce qu'on y est ? Youra tend le bras vers le ciel, ferme les yeux et tire.

13

Le train n'est pas encore à l'arrêt que Robert vient se couler tout contre, épousant le rythme du convoi, comme pour grimper sur la plate-forme d'un tram en mouvement. Il sort la pince de sa poche et se réjouit de voir les fils de fer assemblés autour du gros verrou ; il va en venir à bout facilement, un vilain cadenas aurait tout fichu en l'air, un cadenas, et c'était cuit, il serait passé au suivant, mais sa pince ici va faire merveille, à condition qu'il voie quelque chose.

Il doit caler la lampe torche entre ses dents pour serrer à deux mains, les fils sont gros finalement, c'est du barbelé tressé très serré, et il va falloir attaquer un fil à la fois. La lampe est trop grande pour sa bouche, il aurait dû prendre un casque de chantier et fixer sa torche à la manière des mineurs pour avoir les mains libres. Il y pensera pour la prochaine fois, enfin, s'il y a une prochaine fois, ce n'est pas tous les jours qu'on s'en prend à une porte de wagon à bestiaux sur un train allemand en route pour les camps.

Robert voudrait répondre aux questions derrière la porte, mais il ne comprend pas bien l'allemand, et puis la lampe entre ses dents l'en empêche, alors il dit, plutôt pour lui-même, « une chekonte, une chekonte… ». Il jette un coup d'œil sur la voie, à droite et à gauche, mais personne ne vient, ce n'est qu'une suite de wagons, tous les mêmes à l'infini. Robert serre et serre encore, il tortille le fil coupé entre ses doigts pour démêler, encore juste un brin d'acier, voilà, il relève le verrou d'un coup de paume vers le haut, la porte s'ouvre sur des gens en manteaux noirs. Un instant, dans l'obscurité du wagon, on dirait qu'ils sont tous identiques, manteaux noirs et yeux écarquillés comme une armée, mais il y a aussi des femmes parmi ces manteaux noirs, et des jeunes gens.

Robert s'entend crier *« Fliehen Sie ! Fliehen Sie ! »* à tous ces gens pétrifiés. Il doit leur donner la permission, on dirait. Un homme crie, il n'est pas content, il veut les empêcher, mais déjà deux femmes ont sauté, et c'est comme un signal pour les autres qui n'attendaient que ça. Robert leur montre les bois, là, oui, là, les bosquets, c'est tout ce que j'ai en boutique, allez-y. Les hommes et les femmes, incrédules, passent devant lui. Chaque corps pourrait être vu comme une victoire, mais Robert Maistriau n'a pas le temps, il est déjà en face d'une autre porte et constate que, devant ses yeux, ses mains s'activent. Il demanderait bien à un des manteaux de lui tenir sa lampe, mais il vaut sans doute mieux qu'ils restent à l'abri du bois. Dans l'enfilement de la voie, on entend des cris, des coups de feu qui claquent comme à la chasse, tout près, des ordres en allemand, qui se mélangent aux supplications des autres wagons, ici, ici, monsieur, jeune homme, ici ! On le voit à travers les fentes, sûrement qu'on le voit, et d'ailleurs déjà les gens derrière cette porte-ci lui disent merci, les bouches le remercient pour qu'il reste, surtout qu'il ne s'en aille pas, qu'il travaille aux fils de fer, qu'il les torde et qu'il les pince et qu'il les contraigne jusqu'à ce qu'ils cèdent tous. Robert sent les volontés qui s'amalgament derrière la porte et qui ne forment plus qu'une seule énergie, et cette énergie entre en lui. Il n'entend plus les coups de feu ni les cris.

Mais les coups de feu claquent. Mitraillette et compagnie. Et soudain le train bouge. Robert fait un pas en arrière. Le train bouge, et le mouvement va l'empêcher d'achever son œuvre, comme dans un jeu de foire idiot. Tu as brisé toutes les pipes de plâtre, toutes sauf une, adieu le gros lot.

Robert recule, le train, très doucement, repart, c'est trop tard. Il sent une main sur son épaule qui l'oblige à reculer. Encore des coups de feu. Le voilà parmi les gens dans le bosquet qui chuchotent et qui se tiennent par les bras, par les mains, comme une assemblée de magiciens en manteaux. Dans la nuit, le train repart, ils regardent passer leur wagon à la porte ouverte, avec des silhouettes à l'intérieur : ceux qui n'ont pas osé sauter à cause de la peur des représailles. Ils sont même occupés à refermer la porte.

À présent passe devant eux l'autre wagon, et comme dans un rêve, l'homme à côté de Robert tend le bras pour lui montrer quelque chose. Robert suit le bras, et juste comme le train prend de la vitesse, la porte du second wagon s'ouvre. Le dernier fil a cédé. Tous les yeux sont prisonniers de cette ouverture noire comme une bouche géante.

La porte est ouverte.

14

Youra se tient bien droit pour ne pas dépasser du tronc. Il bouge le moins possible, comme dans une partie de cache-cache. Après quelques minutes d'échange de tirs, les Boches ont compris. Ils ne sont pas tout à fait trente, les partisans.

Deux hommes ont quitté les voies et se dirigent vers lui. Ce ne sont pas des soldats mais des policiers. Jospa lui a livré cette information qui lui revient à l'esprit. Les policiers sont moins motivés, sûrement. Moins habitués à administrer la mort par balle. Ils font leur boulot proprement par peur de la hiérarchie, mais ils comptent moins de fanatiques dans leurs rangs. C'est connu.

Pour les motiver à rentrer au wagon, Youra tire deux coups. Ce n'était pas une bonne idée. Aussitôt les deux hommes se mettent à courir dans sa direction, arme au poing. L'un des deux part vers la gauche, mais l'autre est sur ses talons. Youra court dans la nuit claire, évitant les embûches. Une branche pourrait lui être fatale. Une idée prend possession de lui : il va devoir faire face. Son corps l'a déjà compris, d'ailleurs il s'arrête. Les deux mains se rassemblent autour du revolver. Il suit l'ombre qui accourt vers lui et tire sans réfléchir.

Plus un bruit. Puis le son d'un homme qui reprend sa marche, prudemment. Les deux types s'interpellent. « Tu es là, Hans ? Tu l'as eu ? » Non, répond Youra dans sa tête. Il ne m'a pas eu.

L'autre propose qu'on retourne au train. Oui, pense Youra, c'est ça. Il faut retourner au train sans tarder. Il ne faudrait pas qu'il parte sans vous.

15

Jean zigzague, il imite le lapin qui fuit par bonds de côté, un coup à droite, un coup à gauche. Ou plutôt le lièvre. Le lièvre va plus vite. Ça désoriente le tireur qui le tient en joue, qui le suit dans son viseur sous les rayons de lune, et qui tire. Puis qui se remet à leur courir derrière. Avant de tirer encore.

Après une minute ou deux, Jean s'arrête et reprend haleine, l'oreille aux aguets, à travers le bruit de sa propre respiration. Il s'en veut : il était trop loin du milieu du train, presque à l'arrière, et le dernier wagon était plein de ces maudits Boches, et il a fallu que parmi eux il tombe sur un zélé. Un adepte de la chasse.

C'était du bête fil de fer, pas de cadenas, rien, mais il n'a pas eu le temps de s'y mettre. « Les soldats sont à l'avant », tu parles ! Ils sont à l'avant *et* à l'arrière. Tout à coup il a entendu *« Hände hoch ! »*, et il ne fallait pas avoir fait une licence en philologie germanique pour comprendre que c'était râpé comme du gruyère. Obéir, c'était se prendre une balle, alors il a désobéi, il a fui en espérant se volatiliser dans cette nuit trop claire. Et depuis il court.

C'était une idée débile, ce train. Un truc impossible, un rêve romantique. Comment veux-tu, avec ces soldats qui te tombent dessus au bout de deux secondes ? Robert et Youra se sont fait avoir, sûrement. Lui, il a eu de la chance. Pour l'instant.

Une branche craque. À deux mètres. Une silhouette passe. Jean est entré dans un houx sans y prendre garde. Il sent les piqûres à travers son pantalon et sur ses mains. Le soldat à l'affût continue son chemin. Là-bas ça tire et ça crie. Il y a des ombres dans la nuit comme après un accident. Et puis, brusquement, le gars pivote et ils sont nez à nez. L'Allemand est trop près, il brandit son arme comme un gourdin, Jean tend le bras, réflexe qui détourne le canon, encore brûlant d'avoir tiré. Jean détale. Le type ne tire pas tout de suite, il doit se remettre lui aussi.

Jean court comme un fou entre les arbres. Là-bas ça mitraille. Robert et Youra se sont pris des balles, ce n'est pas possible autrement.

16

Robert est dans son bosquet comme au milieu d'une assemblée secrète de gens bien mis. Ils ont des chaussures de ville, on dirait qu'on les a amenés là par la voie des airs, leur présence en ce lieu et à cette heure est totalement saugrenue. Ils sont habillés pour la promenade du dimanche ou pour la communion du petit dernier, pense Robert ; non, pas la communion, une fête à eux, une fête juive. Il sort sa liasse et compte les billets. Tous les membres de sa petite troupe ont été sages, c'est l'heure des étrennes. Cinquante francs. Et puis il leur explique en parlant lentement que c'est chacun pour soi. Une image traverse son esprit : lui en chef scout, et eux qui doivent gagner leurs galons. Donc c'est chacun pour soi, en avant, marche, le dernier à Bruxelles a perdu. Ne pas se faire voir. Ne pas se refaire reprendre. Bonne chance.

Personne ne bouge. Tout le monde se regarde.

— Vous êtes un résistant ? demande une jolie dame d'environ trente-cinq ans.

Robert ne sait que dire. Le mot le fait sourire. Un résistant ? Peut-être.

— Donnez-moi votre adresse. Votre nom et votre adresse.

Devant la mine de Robert, la dame renchérit.

— Je veux vous faire un cadeau.

Robert se tait. On ne donne pas son nom, madame. Il n'y a pas de noms, ici, dans ce bosquet. Moi, je ne suis pas là, et vous ne devriez plus y être depuis des minutes et des minutes. Une autre dame se met en route avec son mari. Juste un signe de la main qui veut dire au revoir et merci.

Robert regarde partir sa petite troupe. Ils sont une dizaine à peu près. Ils restent ensemble comme s'ils n'avaient rien compris.

En retournant vers sa bicyclette à pas silencieux, une question émerge, prudente, dans l'esprit de Robert. C'était à ça que ça devait ressembler ? Se peut-il qu'ils aient réussi ?

17

Hinda ressasse ses pensées, qui sont comme des pointes pour la torturer, mais elle n'en a pas d'autres. Si tout pouvait finir ? Si rien n'avait existé ? Elle chasse ces idées : sa fille pense à elle quelque part, elle vit en dehors de ce train, de cet enfer de cahots et d'odeurs répugnantes, elle existe dans un rythme vivant avec petit déjeuner, dîner, souper. Avec des fenêtres, de la campagne, de l'air et des gens avec un drôle d'accent ; et un nouveau nom que Hinda imagine. Un beau nom français comme dans les romans. Peut-être qu'elle est Charlotte. Peut-être qu'elle est Pauline.

Mendelis a fermé les yeux. Sans doute qu'ils devraient essayer de se coucher à tour de rôle, de s'affaler au moins le long de la paroi de bois, toi puis moi. Prendre des forces pour ce qui les attend, le camp de travail où seuls les plus en forme survivront. Ils retournent vers l'Est, d'où ils viennent, et peut-être que le fait de parler russe, et allemand, leur sera utile. Mendelis est un homme discret mais efficace, il connaît tant de choses, il pourrait devenir chef d'atelier, qui sait ? Et dans quelques mois les Russes seront là, les Allemands capituleront et chacun rentrera chez soi. Peut-être même avant l'hiver.

Toutes ces pensées ne tiennent qu'à un fil. Un fil qui se défait au fur et à mesure que Hinda le rabiboche de la force de son esprit. Parce que la vérité, c'est qu'avec son air intelligent Mendelis déplaît aux Boches. Là-bas les gardes le prendront pour un Russe et ce sera pire. D'ailleurs aucun travail ne les attend : seulement la mort par extermination comme le prétendent les tracts communistes.

Par moments le train freine. Dès qu'ils ont quitté Malines, deux jeunes gens ont parlé de fuir, mais le chef de wagon a crié qu'ils seraient tous au complet en arrivant, sinon c'est lui qui prendrait, lui et eux tous : les Boches ont dit qu'ils fusilleraient tout le monde si un seul manquait.

Les sens de Hinda lui jouent des tours : voilà que le train semble s'arrêter ; et elle entend quelqu'un qui gratte à la porte. Qui gratte et qui souffle. Les gens se sont mis à chuchoter, à l'affût du bruit, de la présence. Les yeux de Mendelis croisent les siens : c'est vrai. Sur le verrou quelqu'un travaille, les bruits sont formels, ou presque. Un coup de feu, tout le monde tressaute, Hinda a laissé échapper un cri ; avec ces minces cloisons de bois on entend tout, comme si on était dehors. Un *clac* métallique. Hinda serre plus fort le bras de Mendelis, elle prie pour que ce soit possible.

Et la porte s'ouvre.

La.

Porte.

S'ouvre.

Un jeune homme ahuri les regarde comme s'il avait imaginé un wagon vide. Il crie quelque chose et leur fait signe de venir. Personne ne bouge. Le chef de wagon s'interpose, il tend les bras comme un agent de police, mais Hinda a déjà bondi à travers les bras écartés. Dehors c'est le pays où habite sa fille.

Une femme a sauté en même temps qu'elle. Hinda ne se retourne pas, elle sait que Mendelis a sauté lui aussi, juste derrière elle, et d'autres avec lui ; les deux jeunes gens courent avec eux, ils se baissent pour éviter les balles. Dans le wagon ça se bat, ça se bouscule, les gens crient mais personne ne peut arrêter ceux qui décident de fuir. Des hommes en armes remontent le long de la voie. On les entend très distinctement. On les voit comme en plein jour. Ça tire de plus en plus, ça riposte : des gens ont attaqué le train par l'avant. Où est le jeune homme ?

À l'abri des premiers arbres, Hinda se retourne. Il est là, à la porte suivante. Il leur fait signe de se cacher, de partir dans les fourrés. Hinda repart à travers bois, Mendelis sur ses talons. Est-ce qu'ils ont bien fait ? Il est encore temps de remonter dans le train, comme le font certains par peur des coups de feu et des cris qui se rapprochent.

Ils s'arrêtent contre un gros arbre, invisibles depuis les voies. Ils sont une dizaine, d'autres silhouettes les rejoignent. Le jeune homme se retourne souvent vers eux. Il a bien du mal avec sa porte. À un wagon près, ils ne sortaient jamais, ils restaient prisonniers pour toujours, à un seul wagon près. Le train repart, le jeune homme les rejoint en sautillant au-dessus des branches.

Il a l'air fâché. Et si seul. Où sont tous les autres partisans ? Mendelis lui montre quelque chose à travers les arbres, et tout à coup le visage du jeune homme s'illumine : le train repart mais la porte de l'autre wagon vient de s'ouvrir. D'autres gens vont pouvoir sauter ; plus tard.

Sans attendre, le jeune homme sort une grosse liasse : des billets de 50 francs. Il en donne un à chacun et explique en français qu'il faut à présent rentrer chez soi. Ne pas rester ensemble. Hinda traduit pour les autres. Une femme qu'elle connaît de vue demande le nom du jeune homme, pour lui envoyer un cadeau après la guerre. Le jeune homme ne répond pas et donne les billets. Hinda garde l'image dans un coin de son esprit, pour plus tard : le jeune homme qui reçoit une boîte de pralines par la poste. Elle sait que Mendelis la fera rire avec cette idée : le jeune homme qui se dit « j'ai bien fait d'aller cette nuit-là risquer ma vie, défier les Boches, car voici des pralines ».

Le train est reparti, et ils vont faire exactement comme a dit le jeune homme : marcher jusqu'à un arrêt de tram ou d'omnibus, éviter les habitations, payer leur billet, rejoindre Bruxelles.

18

Kurt avait prévu d'aller directement rue du Berger, mais les mots qui sont sortis de sa bouche sont : « avenue Louise ». Le chauffeur obéit.

C'est une addiction. Une obsession. Il est devenu dépendant des visages et des gens. Comme une collection qu'il enrichirait sans cesse. Qui sera là ? Un jeune homme trop fier qu'il faudra briser ? Une fille que la peur rend touchante comme la biche aux abois ? Un père avec un col de chemise qui rebique et des lunettes de guingois ? Tous partagent le même air suffisant, et les mêmes traits de visage, comme s'ils appartenaient à une seule famille, fils et filles d'une même mère pondeuse.

Dans les cellules à la cave on a apporté des bancs. C'est un cadeau du *Judenrat*, qui s'inquiétait du confort de ses coreligionnaires. Des discussions ont été organisées à propos de ces fameux bancs, des réunions au sommet où ces messieurs les riches Juifs belges ont pris des airs compassés pour évoquer la nudité des cellules – rien n'était prévu pour le repos, un vrai drame humain. Il a fallu établir combien il y aurait de bancs, et la taille idéale, ni trop petits ni trop grands. Que les braves ressortissants sémites puissent s'asseoir, avant de gagner les camps, où leur travail hautement qualifié sera valorisé. Kurt s'est plu à se composer des mines pénétrées, oui, bien sûr, vous avez mille fois raison, c'est primordial, c'est légitime, mais comment n'y avons-nous pas pensé ?

Depuis, Kurt Asche chérit les jolis meubles de bois blanc. Comme s'ils lui avaient été destinés personnellement. Quoi de plus beau, de plus touchant que ces Juifs à mille lieues de la vérité qui les attend, qui en sont encore à placer des bancs de bois dans les cellules. Alors que l'idée-force est de les placer non sur des bancs mais plus bas que terre. Plus bas que les plus visqueux animaux rampants. Il faut qu'ils descendent aussi bas que l'Allemagne grandira, proportionnellement.

Il faut qu'ils servent de combustible, qu'ils soient volatilisés comme l'essence dans les pistons des puissants moteurs Mercedes qui propulsent l'armée allemande, la nation allemande, vers un règne sans partage et la complète destruction rituelle de ses ennemis. C'est une histoire que l'on construit, un récit magique, magnifique, où les vilains aux nez et aux doigts crochus sont poussés dans le brasier pour que vivent leurs parfaits contraires, pour que Parsifal gonfle ses poumons de vie et lève le Graal vers les cieux.

Le surhomme doit accomplir son destin. Ce sera au détriment des faibles. Les faibles serviront de marches, l'homme nouveau les foulera du pied, non par méchanceté mais par nécessité. L'homme nouveau ne voit pas les corps amalgamés qui forment les dalles de la voie royale sur laquelle il avance. Kurt les voit, lui. Les corps sont sa mission sacrée. Il les rassemble. Il les prépare. Il les emballe. S'il fait bien son travail, d'autres comme lui n'auront plus qu'à les disposer, ces corps, côte à côte, le visage vers la terre ; une allée infinie qui montera vers l'astre solaire, et qui attendra sereinement que la nouvelle race transfigurée la foule aux pieds.

Vingt minutes plus tard, Kurt est à nouveau dans la voiture, il n'y avait rien de particulier à se mettre sous la dent avenue Louise, finalement. Trois hassidims, endormis épaule contre épaule, qu'il a réveillés brutalement. Devant leurs mines totalement ailleurs – près du Plus-Haut, certainement –, Kurt a éprouvé une extrême lassitude. Les vrais religieux sont trop désincarnés pour être amusants.

Les trois formes étaient assises sur l'un des fameux bancs. On leur avait apporté des rations alimentaires comme à de braves gens : autre invention charmante du *Judenrat*. C'est là que se niche la vraie supériorité du surhomme : une fois qu'il a imprimé sa volonté, il n'a même plus à agir, ses esclaves le font pour lui sans comprendre le dessein suprême. À Malines aussi, les rouages sont parfaitement huilés. Kurt aime jouer avec cette idée. Cinq SS seulement suffisent à gérer plus de 1 500 Fils d'Israël. La hiérarchie fonctionne dans toute sa mathématique splendeur. Au noyau SS ont été adjoints quelques SS flamands, dociles, qui obéissent avec zèle en croyant appartenir au même sang. Puis viennent la centaine de gardes juifs ; à eux, tout le sale boulot qui fait tourner la machine : enregistrer, confisquer, surveiller, dégrader. La peur fait le reste, la peur et la faim, et surtout le besoin irrépressible de rester un animal humain, un animal social digne d'amour. En dessous des gardes juifs : les sang-mêlé, demi-Juifs qu'on a proclamés légèrement supérieurs, moins contaminés, et qui s'en convainquent, et qui jouent le jeu de la terreur, donnée et reçue. Puis viennent les mariages mixtes et les « cas douteux » soumis à enquête, que l'espoir fait vivre. Chaque sous-classe surveille celle qu'elle domine d'un cheveu. Jusqu'à la masse des *Transportjuden*, les Juifs bons pour le transport, qui se forcent à ne pas deviner l'abattoir.

Mais la perfection organisationnelle de Malines n'est rien face à son grand œuvre, la collaboration active que Kurt a mise sur pied avec le *Judenrat*. Là, le génie a pu prospérer vraiment, avec comme carburant la plus grande force disponible sur terre, celle qui consiste à faire passer son intérêt personnel avant celui du groupe. Moi, *et puis* les autres. On dit que l'amour distingue l'homme de la bête, mais il n'en est rien en ce qui concerne les membres du *Judenrat*, qui sabordent allègrement les intérêts collectifs juifs, avec les meilleures intentions. Persuadés que tout finira par s'arranger – surtout pour eux, les Belges éduqués –, ils ont établi eux-mêmes le recensement de tous les Juifs du royaume. Cette immense majorité n'a rien à voir avec eux, qui sont installés à Bruxelles et à Anvers depuis des dizaines de générations. Tous ces « autres » sont de nouveaux venus, accourus de l'Est comme des animaux apeurés par le bruit des bottes si bien cirées de la Wehrmacht.

Mieux que ne l'aurait fait le pouvoir de tutelle allemand, et sans qu'on lui ait rien demandé, le *Judenrat* a ensuite poussé le zèle jusqu'à envoyer une lettre à chaque adresse, pour donner aux destinataires « toutes les assurances » que c'était bien vers le travail qu'on les envoyait, et que les familles ne seraient pas séparées. Puis ils ont ajouté cette phrase que Kurt Asche a apprise par cœur avec gourmandise, tant elle dénote un esprit tordu : « La non-observance des convocations aura de fâcheuses conséquences pour votre famille et pour les Juifs dans tout le pays. » Sous-entendu : si vous ne vous présentez pas à Malines, on s'en prendra à vos fils, à vos filles, à vos parents. Car on vous connaît tous. Après cela, ils ont demandé des bancs et des rations, et Kurt Asche a fait semblant d'hésiter tout en jubilant. Puis, magnanime, il s'est montré d'accord. Peu lui importe qu'on nourrisse les rats, une fois qu'ils sont dans la souricière. Qu'on les gave de champagne et de caviar, qu'on remplisse leurs samovars.

Pour garder les rats, les rassembler, les calmer, Kurt Asche possède un gentil petit toutou, un chien vif et serviable, le *Judenrat*. Un chien qui continue d'obéir, qui ne se voit pas grossir alors qu'on l'engraisse. Un chien qui pense qu'on ne le mangera pas : il a été si obéissant. Et pourtant, pense Kurt Asche. Et pourtant.

La voiture s'arrête, ramenant l'officier au moment présent. Ils sont déjà arrivés ? Que le temps passe vite quand on est en bonne compagnie, celle de ses propres pensées. La jolie petite enseigne indiquant Hôtel du Berger lui sourit. Il sort sans un mot et claque la portière.

19

Youra marche seul le long de la route. Quand une voiture arrive, il la voit de loin et ça lui laisse le temps de se jeter dans le fossé ; il ne faut pas se laisser mordre par la lumière des phares. Deux camions déjà sont venus à sa rencontre, des camions vert-de-gris bâchés : les faits sont connus, on envoie des hommes pour intervenir, faire une battue peut-être.

Les mains aux poches, le col relevé, Youra rentre à Bruxelles à pied, parce qu'il n'a pas osé retourner aux vélos. Un pressentiment le tenait aux tripes : quelqu'un était sûrement tombé sur les trois bécanes, deux soldats planqués à proximité l'attendaient. Et il a eu son compte de soldats.

Youra ne sait plus trop ce qui s'est passé. En allant là-bas il se berçait de phrases : poser un acte, un acte libre, conscient, important. Pour une cause avec une majuscule – un mot. À présent, les belles idées nécessaires sont devenues des images réelles, bien réelles : des gens qui hurlent le long de la voie ; un homme sur lequel il tire par réflexe, en espérant de toutes ses forces le tuer avant que l'autre ne le tue, lui ; un corps affalé dans une posture ridicule, aperçu en quittant les lieux en toute hâte avec une oreille sourde d'avoir entendu de trop près sa propre arme.

Youra tire de tout cela une leçon. Cette nuit est venue éclairer sa lanterne. Jusqu'à hier la vie était faite d'idées tendues, de projections dans l'avenir, de toute la sagesse à puiser dans le passé, les grandes vérités auxquelles on s'abreuve, les écrivains, les héros, les sages. À présent le submerge une autre réalité – que la médecine déjà lui a imposée plusieurs fois mais qu'il a rejetée. La vie n'est pas faite de bien et de mal, de beau et de laid, de choses à faire et à ne pas faire. La vie n'a ni but ni raison. Elle est. Tous les mystiques des siècles n'ont rien dit d'autre. Elle est. Elle avance. Elle avale. Elle transforme.

Elle impose à tout sa volonté de puissance. Et en tant que petite branche de cette vie, nous n'avons qu'à assumer, nous aussi, cette volonté. Croître. Prospérer. Procréer. Détruire. Tous ces mots racontent la même chose. Un ordre implacable. Un rouleau compresseur dépourvu de conscience. Dieu existe et n'existe pas tout à la fois : il est ça. Pas la conscience du bon père qui veille. Il est la force qui avance, qui digère et recrache tout, perpétuellement, sous d'autres formes. Aucun jugement de valeur ne peut être apposé à l'homme, pas plus qu'à la vie.

Ce qui s'est passé cette nuit, comme toute activité humaine, peut se résumer en une équation simple, glaçante dans sa nudité. Certains êtres veulent vivre. D'autres veulent qu'ils disparaissent. Certains sont plus forts et imposent leur volonté. Point à la ligne. C'est

Nietzsche qui a raison. C'est à la fois pur et horrible. Il a affreusement raison, les titres de ses livres à eux seuls suffisent à l'énoncer : tout est régi par la volonté de puissance, au-delà du bien et du mal.

Les grandes causes sont réductibles à cette vérité absolue. Car les grandes causes, les idéaux des siècles, ont été rattrapés, systématiquement, par la nature humaine dévorante qui finit par tout faire éclater, comme le gel fait exploser les statues. Toutes les barrières lentement édifiées par la civilisation finissent balayées par la vraie nature de l'homme, qui est la vie ; les subtiles barrières sociales, religieuses, sexuelles, élaborées par des générations, des civilisations. L'homme piétine tout. Il engloutit. C'est Nietzsche qui déborde.

Tout cela apparaît à Youra en transparence dans le rythme de ses pas. Il lit cette vérité jusque dans les écarts entre les pavés où certaines herbes voudraient grandir. Où d'autres meurent en silence. Cette nuit il a vu, il a senti physiquement, intimement ; il a su que tous les corps de tous les wagons seraient dissous et rendus aux atomes. Le train aurait pu faire des milliers de kilomètres de long, contenir des corps à l'infini, il y avait là à l'œuvre une volonté plus grande que la sienne, plus grande que toutes les volontés, jusqu'à la nausée. Une nouvelle grille d'une simplicité extrême s'impose à lui. Chaque action humaine peut être déterminée par une phrase qui la conditionne absolument. Soit une force plus grande tolère cette action humaine. Soit une force plus grande ne la tolère pas. Un enfant pleure dans un wagon et voudrait sortir. Petit a) : une force plus grande tolère cette volonté. L'enfant sortira, vivra. Petit b) : une force plus grande ne la tolère pas. Il mourra. Tout le reste est chimère. Les grands vins, Michel-Ange, Rome, Hegel, toutes les villes, tous les livres.

La nature est immonde. Elle ne pense qu'à croître et prospérer. Voir la beauté est un filtre que l'homme s'est créé pour apporter un sens à sa présence au monde, à cette conscience qui doit bien servir à quelque chose. L'homme, avec ses maigres yeux, doit concevoir une volonté extérieure, un sens, un Dieu, pour le sortir de l'état de nature, pour le consacrer. Mais c'est là un déni comparable à la mère qui refuse de voir son enfant mort et qui devient à la fois folle et croyante au même instant. Quand l'homme se voit, il se met à croire, à croire en lui-même en tant qu'exception à l'absolue dévastation qu'est la vie.

Il aura suffi de cette nuit.

Comme idoles, les nazis ont choisi la Force et la Destruction. À voir le monde on peut comprendre ce qui les fascine, pourquoi ils se prosternent devant Nietzsche et Wagner. Ils se déguisent, s'organisent et vénèrent le feu dévorant, comme l'ont fait autrefois d'autres tribus.

Et pourtant, une petite voix murmure à l'oreille de Youra qu'une fois que l'on sait tout cela, il faut encore se battre. Se battre contre cette nature qui nous entoure et nous définit. Après ces longues minutes d'une lucidité terrible, Youra sait qu'il se laisse avoir par cette idée tendre, une vue de l'esprit tellement humaine le parasite déjà, alors que la nuit lui a fait voir clair. Il faut se battre aux côtés des hommes de bonne volonté, les Saint-Ex, les Malraux, les Jaurès, contre notre vérité première de monstres de vie. Ceux qui savent cette vérité, qui l'ont entrevue en un instant suprême, ceux-là doivent la combattre, essayer de vivre dans le partage, prêcher l'amour, compenser.

Compenser, oui. Sûrement. Vouloir arrêter des trains. Échouer. Envoyer ses amis à la mort pour que vivent des inconnus – des inconnus qui ne vivront sans doute pas. Peut-on arrêter les trains ? Dans l'équation qui s'impose à Youra en cette nuit jusqu'au dégoût, mais avec la clarté d'un rêve d'enfance, c'est le petit b) qui l'emporte. Libérer du train une foule de gens ? Une force plus grande ne le tolère pas.

20

Accoudé au bar, un verre de vodka suspendu au bout de ses trop longs doigts, Pierre Romanovitch arbore un air de philosophe désespéré, qu'il s'est composé avec le plus grand soin. Une spécialité chez lui. Pas un air grave. Ni un air simplement triste. Non, quelque chose de réellement ambigu, mystérieux, riche de tous les sous-entendus que le spectateur – car il faut toujours un spectateur à Pierre Romanovitch – voudra y voir.

Les yeux perdus dans un brouillard intérieur, un demi-sourire aux lèvres, il est traversé de visions comme seuls peuvent l'être les poètes ou les sages. Ou les Russes. Romanovitch, en tant qu'aristocrate exilé par la révolution d'Octobre, incarne à ses propres yeux une Russie éternelle – où il n'a en fait jamais mis les pieds. Les plaines de l'Oural qui miroitent sous la neige de novembre, les ors ternis du Transsibérien, la nostalgie d'un monde perdu – mais à reconquérir –, tout cela se devine au fond de ses prunelles.

Kurt Asche se fait attendre. Celui que Romanovitch surnomme le Chien – chien d'Eichmann, lui-même chien de Himmler, chien de Hitler – un vrai chenil –, le Chien, donc, est arrivé vers minuit avec des airs importants et de la sueur au front. Puis il a disparu dans un salon privé où, depuis vingt minutes, il doit tenter d'arriver à ses fins avec une certaine Louise, une étudiante qu'il a présentée à tous comme si c'était sa maîtresse, alors que la fille semblait clairement sous l'emprise d'un chantage à moitié formulé.

Or, Pierre n'aime pas attendre. 1943 est en train de faire de lui l'un des hommes les plus courtisés de la capitale, et c'est là ce qu'il préfère au monde : être courtisé, et par plus puissant que lui. Pour cela, Romanovitch aime Bruxelles. La ville se transforme en tout petit village à mesure que son emprise grandit. Les élites locales sont à ses pieds, soit par l'exercice de la peur, soit par bassesse naturelle.

Bruxelles. Une ville qui semble faite pour transiger avec l'occupant. Mais d'une manière rebelle qui plaît au faux Russe blanc. Déjà, César l'avait senti : de tous les peuples de la Gaule, les Belges sont les plus emmerdants. Primitifs, têtus, roublards, ils ne se décident jamais à accepter qu'ils sont vaincus, conquis, occupés. Sous les Espagnols de Charles Quint, pareil : on avait fait le gros dos, et du commerce pour passer le temps. Les rois de France, les Hollandais, Napoléon, tout le monde avait essuyé ses pieds sur la gueule de Bruxelles, pourtant Bruxelles était toujours là, avec ses rues pauvres mais pleines d'esprit et ses quartiers riches où les bourgeois cachaient souvent des anarchistes, des libres-penseurs, et la plus grande concentration qui soit de francs-maçons au kilomètre carré.

Sur ce magnifique tas de fumier où se parlent toutes les langues – et surtout celle du bien-vivre –, un coq affûte ses ergots, un coq polyglotte, toujours tiré à quatre épingles, qui conduit une berline à l'heure où les millionnaires vont à pied. Et qui s'affiche avec la plus belle Juive de Bruxelles – alors que les Sémites sont étiquetés de jaune, ou parqués à Malines.

Voici justement Malka qui lui revient. Elle traverse les salons du petit hôtel cossu, de sa démarche de liane. Chaque pas est une promesse sensuelle, comme dans ce poème de Baudelaire où un serpent danse au bout d'un bâton. Malka caresse l'avant-bras de Pierre ; son contact l'apaise immédiatement. De l'autre main, elle s'allume une cigarette.

— Il revient, le Chien ? demande Malka. Qu'est-ce qu'il fabrique ?

— Il aime se faire désirer. Qu'on imagine qu'il lutine cette pauvre gosse.

— J'aimerais qu'elle lui crève les yeux avec ses ongles.

— Quoi ? Mais voyons, Kurt est notre ami.

Malka lui jette un regard qui en dit long. Pierre n'a pas d'amis.

— Tu es obligé ou pas ?

Pierre lève des sourcils interrogateurs tout en avalant un trait de vodka.

— Obligé de quoi, mon amour ?

— De faire affaire avec lui.

— Ah, oui. Tu m'y vois contraint. C'est lui qui pilote le *Judenrat*, je te rappelle.

— J'aimais mieux quand tu imprimais des billets.

— C'est Kurt qui vient me délivrer quand on m'attrape, tu comprends ?

Malka lui prend le verre des mains et le porte à ses lèvres. Tout en sirotant, elle ne quitte pas Romanovitch des yeux.

— Je ne veux plus qu'on t'attrape.

— Mais c'est le meilleur moment. Chaque fois qu'on m'attrape, les prix montent. Tu n'as rien compris au marché.

21

Kurt Asche sourit à la jolie fille assise près de lui sur la banquette du confortable petit boudoir. Il déteste les ambiances à la Salon Kitty. Les stucs, les miroirs, les femmes parées d'or qui passent entre les canapés de velours rouge, les Cléopâtre, les Messaline, les Lili Marlène. C'est bon pour les officiers à monocle qui se pavanent à Berlin. Qu'ils cinglent en public les fesses galbées de leurs putes de luxe avec leur cravache si ça leur chante. Lui, il préfère l'intimité d'un petit hôtel comme celui-ci, dans une sympathique ville d'Europe de l'Ouest comme Bruxelles. Là, il peut faire progresser ses petites affaires en compagnie de quelques amis bien choisis, après avoir joui. Nul besoin d'afficher des perversions sous de hauts plafonds et des lustres de cristal. Un salon coquet, quelques consommations, et une fille intelligente pour lui tenir tête.

Parce que Kurt aime qu'on lui tienne tête. Quel plaisir y a-t-il à faire rendre gorge à une pure jeune fille, si elle n'a pas d'abord su faire preuve de l'intelligence perverse qui est la marque de son sexe ? Il la remettra dans le rang plus tard, dans la nuit, lorsqu'il fera trembler les montants du lit de cuivre et que l'innocente jeune femme, enfin muette, aura la face noyée dans l'oreiller.

Ce soir il a invité Louise, une étudiante d'un très bon milieu, frustrée par cette guerre qui lui coupe les ailes. Elle lui en veut personnellement, à lui, l'officier allemand, mais le contexte de leurs rencontres veut qu'elle n'en fasse rien sentir. Le jeu mis en place par Kurt exige qu'elle le dorlote, qu'elle lui pose des questions sur sa journée et sur l'importance stratégique des décisions qu'il a pu prendre. Tout à l'heure, dans la chambre du deuxième, elle devra s'effeuiller lentement, comme le ferait une femme qui veut réellement séduire et faire monter le désir, dans la vraie vie. En échange, Louise attend quelque chose de lui. L'espoir d'une autre vie.

Pour bien jouir d'elle, au propre comme au figuré, Kurt veut tout savoir. Sa maison, sa famille, ses amis, ses désirs intimes. Est-ce qu'elle arrive à prendre du bon temps malgré la guerre ? Est-ce qu'elle trouve encore facilement du lait ? De la viande ? Des livres pour assouvir sa soif de savoir, accrue par l'interruption de son cursus ? Les premières fois, Louise était évasive, à présent elle sait que seule la vérité pourra amener le vilain petit SS au plaisir. Alors elle confesse la promiscuité de l'appartement qu'elle occupe avec son père, sa mère et ses deux petits frères chamailleurs. Elle avoue qu'elle avait rêvé mieux, une vie d'étudiante à Louvain, dans une maison partagée avec ses cousines, comme il en avait été question. Louise invente l'existence d'un petit ami qu'elle ne voit plus, ça la rend si triste. Une main sous la table du salon particulier, Louise sent la protubérance de singe à travers le tissu ; elle sait que ce petit ami fantasmé, étudiant comme elle, beau, brun, viril, pourrait faire jaillir plus tôt que prévu la semence épaisse et odorante du vilain officier. Elle ouvre la braguette, saisit sur la table une serviette ; il faut éviter qu'il ne se souille, ce qui a tendance à le faire vitupérer.

Une minute plus tard, conforté par sa récente émission séminale – qui a fait taire ses complexes comme une panacée –, Kurt Asche fait son entrée au bar. Romanovitch, dit le Comte, l'un de ses collaborateurs les plus amusants et les plus utiles, est là, debout au comptoir, parmi le petit groupe qui attend minuit et le 20 avril, le *Führergeburtstag* – l'anniversaire du Fürher. À Berlin, des milliers de soldats défileront au pas de l'oie en entonnant le *Chant du diable* pour que leurs voix pénètrent tout, l'air, les bâtiments, les consciences, jusqu'à fortifier le corps du Führer lui-même, lui apportant une vigueur inversement proportionnelle à l'avancement de son âge et aux ravages de la cocaïne. Mais ici, à Bruxelles, on ouvrira simplement un autre magnum de Mumm, entre amis.

Où Romanovitch a-t-il déniché ce costume d'un magnifique marron foncé ? Dans la garde-robe d'un Goldenberg en route pour les fours, sûrement. Il aime faire rire son monde avec son humour britannique, Romanovitch. Mais il n'ouvre jamais la bouche à cause de ses vilaines dents. Chaque fois qu'il le croise, c'est-à-dire souvent, Kurt s'imprègne de l'idée de cette dentition pourrie qui gâche tout et qui doit le faire souffrir, dans sa chair comme dans son âme. L'homme garde donc le bec fermé, sauf pour engloutir du caviar sur des blinis.

Ou pour susurrer des secrets à l'extraordinaire putain juive qui ne le quitte jamais une fois la nuit tombée, Malka Cymring.

Kurt attend qu'on daigne les remarquer, lui et l'étudiante qu'il arbore comme une paire de bottes. Qu'on leur fasse une place dans le cercle. Mais c'est l'existence de Malka Cymring qui s'impose une nouvelle fois à lui comme un relent. Il faut absolument qu'il trouve un moyen de l'inscrire à son tableau de chasse, Romanovitch ou pas. Dans la famille Cymring, il connaît déjà le grand frère et les vieux parents. Lorsque mi-42 on a interdit aux Juifs de fréquenter l'enseignement, Charles avait été autorisé à ouvrir une école juive. Sous tutelle du *Judenrat*, elle fut la première à envoyer ses élèves à Malines, cheveux au vent. Ils étaient partis avec le premier convoi et devaient sans doute constituer à présent la couche la plus profonde des charniers d'Auschwitz. Depuis, l'école n'avait fait que se vider comme un tonneau percé ; il ne resterait bientôt plus que Charles, pour diriger l'établissement et pour se donner cours à lui-même.

Kurt Asche rêve de la posséder. Pas bibliquement. Ses petits bras trop courts ne sauraient que faire d'une Malka Cymring déchaînée, avide, déçue par ses coups de reins beaucoup trop systématiques et par ses yeux mi-clos de goret. Non, il rêve de posséder son être entier, comme un fruit soigneusement détaché de l'arbre et entreposé à Malines, où se trouve sa vraie place. Se satisfaire de pourcentages, comme le veulent Eichmann et Anton Burger, c'est bien. « Évacuer » les huit dixièmes des Juifs situés à l'Ouest sera suffisant, provisoirement, pour considérer que la population a été nettoyée. Mais les chiffres ne reflètent pas toujours la réalité du terrain. Malka n'est pas une femelle juive parmi tant d'autres. Elle constitue un spécimen rare, qui cristallise toutes les tares et toutes les qualités juives. Grande, brune, racée, d'une intelligence retorse, Malka Cymring se sait au-dessus du lot. Mariée à un Belge qui lui assure une relative tranquillité temporaire, elle profite de sa beauté et de son sex-appeal pour hypnotiser des jouisseurs comme Romanovitch. Mais si un jour elle décide de se ranger, elle pourrait se transformer en reine pondeuse, et noyer Bruxelles sous une nouvelle génération de Juifs à son image, sûrs d'eux, riches de connaissances, à l'aise en toutes circonstances, capables, avides des places dirigeantes. Avant que ce cauchemar n'arrive, il faut que Kurt Asche trouve un moyen. Il fera d'elle une des stars de son tableau de chasse. Un trophée à suspendre à la place d'honneur dans son musée personnel de massacres.

Mais ce ne sera pas pour tout de suite. La jouissance est un plat meilleur servi froid. Il va vider Romanovitch de son suc, petit à petit, et la pomme lui tombera dans la main avec un bruit mat. La brebis se retrouvera sans berger le jour où son bon vouloir sera tari, le jour où Romanovitch restera à la prison de Saint-Gilles. À l'isolement. Parce qu'il a beaucoup à raconter, à présent. Trop. Il faudra bientôt mettre un terme à sa collaboration, sous la forme d'une place réservée à son nom dans le prochain train, un aller simple vers le silence.

Car la prudence s'impose. Déjà, en mars, Kurt avait senti le souffle des balles lui frôler la nuque. Schmitt, le chef du camp de rassemblement de Malines et du camp de concentration de Breendonk, était subitement tombé en disgrâce, quand certains de ses trafics étaient remontés jusqu'à Berlin. S'en était suivi le doux euphémisme redouté par tous, du sous-fifre gratteur de latrines au général en chef des armées, la réaffectation. Simple soldat parmi les troupiers, sur le front de l'Est, en première ligne. Espérance de vie : quelques semaines.

Kurt aurait pu prévoir la chute. Schmitt n'était pas assez malin : trop brutal, pas très discret, ostentatoire même. Ses plaisirs étaient grossiers, puérils. Il alignait les hassidims dans la cour et leur faisait peindre de grandes croix gammées sur le torse. Puis il les forçait à sourire pour la photo souvenir. Quelle rigolade. Ensuite ils devaient se couper les cheveux les uns les autres dans une longue farandole où chacun était invité à raser son confrère. Les cheveux, puis la barbe. Enfin, on les faisait mimer la prière, les paroles psalmodiées, les torses qui s'abaissent et se relèvent en cadence, pendant des heures, mais en bêlant à la manière de chèvres. La longue figure de Schmitt se fendait alors d'une estafilade par où s'échappaient un ou deux hoquets. Il aimait aussi leur faire peur avec son chien-loup : Lump se régalait parfois de quelques morceaux de Juif.

Kurt soupire : des images d'hiver s'imposent à lui. Le jour du Nouvel An, une petite fête avait été organisée au « Kasino », le salon du premier étage. La caserne offrait l'une des meilleures tables de Belgique, grâce au contenu des colis confisqués. Complètement schlass, Schmitt avait fait rassembler les Juifs dans la cour pour célébrer le changement d'année. Après plusieurs

« activités délassantes », au cours desquelles les pensionnaires avaient été invités à « se dégourdir les jambes », puis à chanter des cantiques en canon, il leur avait annoncé une mystérieuse « distribution ». Sur les plus téméraires, qui s'étaient rassemblés sous son balcon, il avait lui-même déversé plusieurs seaux d'eau glacée, préparés pour la cause. Ces Juifs-là étaient interdits de chambrée : ils resteraient dans la cour. Revenu au chaud, Schmitt avait passé le reste de la nuit à parler de ses pensionnaires comme de ses stalagmites.

Kurt et sa garde rapprochée ont à présent pris place à la grande table ronde dans l'alcôve. Pierre Romanovitch ne se considère sans doute pas comme faisant partie d'une quelconque garde, rapprochée ou non. Kurt Asche le sait : le Comte se croit son égal. Voire sans doute son supérieur. Avec sa Juive, sa voiture et son apparente liberté. Il vogue sur une vague ascendante, tout en jouant avec un feu qui l'excite au plus haut point. Cette semaine encore, Kurt a dû le faire sortir de Saint-Gilles. La septième fois : il a compté. Romanovitch se croit au-dessus des lois. Des lois belges, mais aussi de celles qui président à leurs petits arrangements.

Le système, mis au point sous Schmitt, est bien rodé, et perdure, discrètement, malgré la disgrâce. On appelle ça « les clés ». Comment ça va, les clés ? ça avance ? ça carbure ? À leur arrivée à Malines, les bienheureux élus juifs sont enregistrés. Leurs avoirs sont placés dans de grandes enveloppes. L'idée est que tout cela leur sera rendu, après. Quand ils reviendront des camps de travail de l'Est dans quelques mois, heureux, bien portants, le menton haut, le regard fier, presque allemands à force d'un labeur utile, en compagnie des vrais travailleurs du Reich. Dans les enveloppes, des bijoux, des devises, des actions au porteur, des titres. Et des clés. Les clés des appartements qu'ils laissent derrière eux. Là sommeillent les portraits des aïeuls au fond des tiroirs. Les layettes des enfants en haut des penderies. Du thé dans une boîte en fer. Des meubles. Des manteaux. D'autres billets, épinglés un par un dans les doubles fonds des armoires. D'autres bijoux. D'autres titres…

Les enveloppes des nantis disparaissent sans laisser d'adresse. Une petite croix griffonnée par une des secrétaires de l'accueil, et l'enveloppe se retrouve sur une certaine pile. C'est alors que Romanovitch entre en scène. Dans son uniforme de policier belge assermenté, de déménageur ou d'homme d'affaires, selon son humeur du jour, il vient faire jouer les clés dans les serrures et commence le tri. Les meubles en bois blanc sont laissés à la filière officielle : ils iront garnir les petites maisons des colons, ces paysans bavarois ou brandebourgeois, déplacés à l'Est pour occuper les territoires que le Grand Reich confisque aux Slaves sous prétexte de *Lebensraum*, d'espace vital. Tout le reste, tout ce qui peut entrer dans une filière, est exfiltré. Les plus beaux atours vont à sa maîtresse, pour peu que la grande et mince Malka les trouve à son goût. L'argent est partagé avec Kurt Asche. Les bibelots sont dispersés : vases, argenterie, vaisselle… L'ingénieux Romanovitch connaît personnellement un receleur pour chaque spécialité. Comme des fourmis, lui et ses amis vident les lieux de leur substance ; bientôt, l'appartement n'est plus que l'ombre de lui-même. Des chaises dépareillées. Quelques photos d'ancêtres ou de nouveau-nés. Du thé sans sa boîte en fer, dispersé à même l'évier.

Malka rit, à l'autre bout de la table. Elle a les dents blanches pour eux deux, pense Kurt. Pierre et ses chicots, une nouvelle fois, lui sont apparus dans toute leur évidence. Chaque splendeur possède son défaut secret. L'impeccable dandy russe a le talon d'Achille dans la bouche. Quand la belle femme mystérieuse s'approche et l'embrasse, il faut qu'elle pense à autre chose, à cause de l'odeur des caries, du lent pourrissement à l'œuvre, des poches de pus et des réserves de nourriture qui macèrent dans les cavités.

Kurt est petit. Kurt est gras. Il a le regard bovin. Mais ses dents sont saines. À son côté, Louise dodeline comme l'enfant qu'elle est encore. Kurt aimerait la border. Il aimerait habiter un charmant chalet avec elle. Quelque part au bout d'un chemin sur un contrefort de Saxe, face à la plaine. Avec juste quelques arpents. Il la regarderait vivre, et le soir il la borderait et la protégerait. La guerre serait finie, l'Europe s'appellerait « Allemagne », et il aurait bien mérité sa douce compagne endormie. Et son chalet.

22

Régine a suivi la voie. Quand elle aperçoit la petite maison du garde-barrière, elle décide de jouer le tout pour le tout. La chance sourit aux audacieux. Et puis que faire d'autre ?

C'est une habitation en briques bien mignonne, comme dans une nouvelle de Maupassant, une maison presque normande. Si la personne qui habite ici ressemble à son foyer, elle est sauvée. Régine pousse la grille du jardinet. De la lumière. Quelle heure peut-il être ? Minuit ? Une heure ? Régine pousse la porte sans frapper, tout doucement. Officiellement c'est pour ne pas déranger, en fait Régine suit son instinct : un signe pourrait lui ordonner de prendre ses jambes à son cou.

Un homme sursaute, ce qui fait sursauter Régine. Il était assis dans un coin sombre, assoupi, un journal sur les genoux. Dans la pénombre, Régine devine un tout jeune homme, nouvellement nommé. Il la dévisage sans un mot, se lève.

« J'ai sauté du convoi, dit Régine. Vous pouvez m'aider ? »

Le jeune homme la dépasse d'une bonne tête. Il la regarde, muet. Alors elle redit les phrases, en flamand, cette fois en mimant. Pour dire ce qu'elle a fait, elle imite quelqu'un qui plonge dans une piscine.

Soudain, l'homme lui prend le poignet. Régine se débat, fait le tour de la table, mais il est vif, il l'attrape encore une fois, serre, approche son visage du sien comme un maître d'école mécontent. Il lui fait les gros yeux et pose son index sur ses lèvres : chuttt.

Fermement, il l'entraîne. L'image d'un cagibi traverse l'esprit de Régine, il va l'enfermer et appeler du renfort. Mais on repasse la porte, la grille du jardinet, et voilà l'homme qui s'arrête. Derrière la maison, un petit potager, un petit verger, une étendue d'herbe bien coupée, et au milieu, qui trône comme dans une gravure, une meule de foin. L'homme la regarde à présent. Est-ce qu'elle a compris ? demande-t-il avec les yeux. Oui. Elle a compris.

Régine presse le pas jusqu'à la meule, s'y enfouit en empoignant des paquets de paille qu'elle dispose au-dessus de sa tête en ménageant un puits, pour l'air. Elle sent qu'elle s'enfonce dans la matière molle petit à petit. Est-ce qu'elle saura encore s'en extraire, ou bien va-t-elle y disparaître comme une noyée ? Régine retrouve son calme. Elle respire par longues expirations entre ses lèvres pincées, comme on le fait faire aux parturientes.

Une minute après, Régine entend des voix. Elle entend des pas. Des coups sont frappés à la porte. Le garde-barrière sort de chez lui, après avoir ménagé un temps pour suggérer qu'il dormait. Les soldats demandent en allemand s'il n'a vu personne. Des gens se sont évadés du train. Le jeune homme répond en flamand. Régine ferme les yeux. Elle ne veut pas entendre le mot « meule », « *hooi* ». Elle ne veut pas que ce mot soit prononcé. Et de fait. Les militaires repartent. Pendant de longues minutes, Régine s'attend à ce qu'il vienne la chercher. Mais il ne vient pas. Par prudence. Certainement est-ce par prudence. D'autres soldats pourraient survenir. Les mêmes pourraient repasser.

Régine s'enfonce toujours dans son foin. Elle n'est plus debout ni assise, elle est couchée. Elle pourrait rester là des jours, des années. La guerre pourrait finir, elle y serait toujours. Quelqu'un ouvrirait la paille et la trouverait, intacte dans son uniforme d'infirmière.

Régine repense à cette nuit-là. La folle nuit où ils sont venus tambouriner à la porte. Où Bobby et Harry se sont enfuis en sautant par la fenêtre, où elle leur a dit : « Je suis juive. Prenez-moi, ceci est mon corps, il est à vous. Ne cherchez plus : je suis juive. » Ils l'ont poussée dans une voiture, puis dans un cachot, ils lui ont dit des choses tellement atroces que ça n'avait plus aucun sens, ils ont tenté de l'humilier avec leurs bouches pleines de mots, ils l'ont frappée, et finalement ils l'ont ramenée en cellule.

Au petit matin, comme si le doigt de Dieu était descendu des cieux, le monde fut pris de secousses. Régine l'apprendra plus tard : c'est Jean de Selys et son Spitfire, venu d'Angleterre tout spécialement pour venger son père, mort torturé ici même. Aux étages, les fonctionnaires nazis s'activent, ça sent le café, ça plaisante et ça fait des listes de personnes qu'il faudra gazer. Le vrombissement d'un moteur. On fronce les sourcils, on tend l'oreille, et soudain les fenêtres volent en éclats dans un bruit assourdissant ; déjà, c'est passé, c'est fini. Restent les morts, les blessés.

Dans les caves des gens sont prisonniers, et parmi eux une jeune femme en uniforme d'infirmière. Que s'est-il passé là-haut ? Un tremblement venu des entrailles de la terre pour mettre à bas ce bâtiment de mort et ne laisser qu'un tas de cendres ? Un grand silence règne à présent. Puis viennent les cris.

Comme par enchantement, la porte de sa prison s'ouvre. Régine se voit glisser une tête, sortir dans le long couloir synonyme d'interrogatoire. Des gens passent dans tous les sens, la frôlent, la bousculent. D'autres prisonniers comme elle. Des soldats. Est-ce qu'elle doit essayer de s'enfuir ? Ou bien la mort l'attend-elle derrière le coin, sous la forme de soldats aux fusils pointés ?

Souvent, très souvent, dans les pires heures de Malines où son esprit faiblissait, Régine a revu ces quelques secondes où elle aurait pu suivre le couloir et revoir le jour. Et disparaître. Mais elle ne l'a pas fait. Autre chose l'attendait et cette fois elle n'a pas faibli ; un train, une meule.

Régine va s'endormir. Le jeune homme ne viendra plus la délivrer. Même s'il venait, il ne la trouverait plus car elle sombre, elle devient fine et incolore, elle tombe et ricoche et se perd : une aiguille dans une botte de foin.

23

Hinda le tient par le bras. Mendelis lui sourit de temps en temps. Ils déposent sur les choses un regard banal, quotidien. L'horloge. L'aubette. Les autres humains. Mais ça ne marche pas. L'angoisse affleure, et les gens les dévisagent. Il fait noir sur le quai de la petite gare de Haecht. À 5 h 20 passera le premier train. Encore onze minutes.

Les Flamands arrivent peu à peu sur le quai, certains se saluent de la tête, celui-ci mange sa tartine. Des ouvriers en bleu de travail, quelques jeunes femmes bien habillées qui vont dans des banques, des administrations. Des hommes âgés avec des mallettes de cuir, comptables, instituteurs, fonctionnaires. Tout le monde attend le premier train. Çà et là, des airs interloqués sur les visages, on reluque ces silhouettes étranges, ces inconnus au milieu d'une petite foule où tout le monde a fini par s'habituer à la présence quotidienne des autres. Leurs manteaux plus tout à fait de saison, manteaux des dimanches. Leurs chaussures de ville, crottées comme s'ils avaient marché à travers champs. Et c'est ce qu'ils ont fait. Les époux sont restés dans un bosquet une bonne partie de la nuit, debout comme des échassiers. Le dos contre un chêne énorme, ils ont cherché le repos sans le trouver. Ils écoutaient, à l'affût du moindre véhicule sur la route qu'on devinait, là-bas.

À quatre heures, ils ont décidé qu'il était temps de se mettre en route. Ce n'était pas une épopée, juste une petite heure de train jusqu'à Bruxelles, comme l'avait dit le jeune homme qui ne voulait pas donner son adresse. Entre-temps les Boches seraient au courant, furieux, nombreux, toute la campagne serait ratissée, les trams contrôlés, peut-être les routes.

Sur son quai, Hinda imagine déjà les freins du camion. Elle entend les cris et les claquements des bottes sur les pavés, elle aperçoit les casques au-dessus des têtes. Les gens s'écartent, et les voilà cernés comme dans un film d'espionnage. Les fusils se braquent sur eux, ils sont faits. Malines. Le prochain train. Mendelis lui aussi a du mal avec sa respiration. Il lui serre le bras pour qu'elle sente comme il est calme, mais il serre trop fort.

Sept minutes. Si le train repart et qu'ils sont à bord sains et saufs, alors tout ira bien. Mendelis formule cette pensée pour conjurer le sort. S'ils arrivent à monter dans le vicinal, alors oui, alors les gares de banlieue, alors Bruxelles. Mais il va se passer quelque chose. Le Reich est déjà au courant depuis des heures. Il a dépêché ses troupes.

Une pression sur son bras, le regard terrifié de Hinda : là, les deux jeunes gens. Ceux qui ont sauté avec eux. Ils vont les faire repérer avec leurs pantalons tout crottés, avec leurs mines hâves ; ils ont naïvement enfilé des vestes d'ouvrier sur leurs habits de Malines. Les regards se croisent. On se reconnaît. Là-bas, un autre couple qui attend avec cet air de rien, qui accuse. Non, pas eux ! Qu'est-ce qu'ils foutent là, avec leurs allures d'évadés ? Hinda et Mendelis se regardent en pinçant les lèvres. On aurait dû passer par ailleurs. Maintenant c'est fichu.

Quatre minutes. Hinda enserre le bras qui la tient debout malgré la peur : sur la route le long du quai, un camion. Les Flamands, interloqués, le suivent des yeux. Un camion de la Wehrmacht, bâché, comme on en voit partout. Il avance, tourne, freine, repart dans leur dos et disparaît derrière la gare.

Hinda ne compte plus les minutes désormais : elle compte les secondes. Elle tend l'oreille, pour les soldats qui sont en train de sauter du camion, derrière ce bâtiment en briques qui les sépare encore un peu de l'arrestation. Les deux jeunes gens eux aussi se dévisagent. Mendelis a bloqué sa respiration. Les Flamands se font des œillades : ils ont compris. Ça se voit, ça se sent aux messes basses qu'ils échangent entre eux, avant de leur couler des regards en coin, l'air de rien. Hinda sursaute : des cris dans la gare. C'est fini.

Et puis quelque chose se passe. Un fonctionnaire en costume s'est approché d'eux, et il leur parle. Pas pour leur adresser la parole, il leur parle comme s'ils étaient de vieux amis, nonchalamment, en flamand. Mendelis voudrait répondre dans un français où il mettrait un peu d'allemand pour faire une sorte de flamand des rues. Mais au-dessus de la bouche du fonctionnaire, si quotidienne, si détachée, les yeux sont grands et impérieux : laissez-vous faire. Autour d'eux, les ouvriers se sont rapprochés, imperceptiblement. Dans la petite gare de Haecht, la foule a compris. La foule agit. On s'agglomère. On s'amalgame. Les chaussures sales se diluent parmi les godillots des ouvriers, les escarpins des secrétaires, les chaussures bien cirées des fonctionnaires.

Une minute. Les soldats sont au bout du quai. L'un d'eux parlemente avec le chef de gare, qui boit son café dans une vraie tasse. Un léger brouhaha commence à s'élever des travailleurs. Car au bout de la voie, le voilà ; le train, le vicinal, à peine plus gros qu'un tram. Les gens à présent sont autour d'eux comme une marée impérieuse et bienveillante. On monte en grappe. Mendelis lâche le bras de sa femme. Séparés, ils seront un rien plus anonymes. Deux femmes prennent Hinda en charge comme si elles allaient ensemble au même endroit. Le fonctionnaire lui parle toujours de sa douce voix comme pour lui raconter la communion du petit. Mendelis est intéressé. En montant, il jette un œil au bout du quai, où les soldats hésitent. Il y a aussi des chiens.

Dans le train, on s'assied à quatre places l'un de l'autre, mais en face. Pour les regards qu'on se lancera. Deux rangs derrière, la femme qui a sauté en même temps qu'eux. À l'avant, les deux jeunes aux vestes trop grandes. Le train part. Par les vitres, les passagers regardent les soldats investir la petite gare par groupes de trois ou quatre. Une seconde, Mendelis croise les yeux de Hinda. Allez. On peut encore y croire.

24

Youra est au laboratoire. Il est important qu'il y soit. Si par hasard un jour prochain il y avait des doutes, une délation, quoi que ce soit, un alibi pourrait lui être utile : non Monsieur l'Inspecteur, rien de particulier à signaler concernant le responsable du laboratoire, Youra Livchitz, il s'est présenté comme d'habitude à 7 h 30, rasé, peigné…

Dans sa blouse blanche, perché sur son haut tabouret, Youra manipule les rapports. À présent que tout est terminé, une vérité lui apparaît : il a nié en bloc la présence des Allemands. Dans leur ensemble. Lorsqu'il concevait son plan surgissaient des images très nettes, comme dans ces films de casse où les malfrats évoquent en voix off tout ce qui pourrait mal tourner. Youra avait tout fait défiler dans sa tête, pendant des jours. Le train qui arrive. Le train qui s'arrête. Le pistolet dans sa poche, puis dans sa main. Lui qui grimpe jusqu'au poste de pilotage de la locomotive, quelques enjambées. Le mécanicien qu'il tient en respect… Mais pas de soldats. Pas d'Allemands. Pas de coups de feu. Comme si son esprit refusait de convoquer l'inévitable présence. Les données objectives auraient pu, auraient dû le dissuader. Alors son esprit avait effacé l'évidence.

Pourtant, la réalité, il la connaissait : une vingtaine d'hommes en armes dans le premier wagon. Elle lui avait été confirmée de vive voix par Samuel avant qu'il se fasse reprendre, Samuel qui l'avait appris de première main, par un Hongrois qui avait sauté du dix-neuvième convoi, celui du 15 janvier. Mais cette vérité n'avait pas réussi à se frayer un passage jusque dans les images du coup qu'il préparait. Un vrai déni, pathologique. Ce serait un convoi sans escorte, avec juste un mécanicien conciliant.

Quand on est petit, il suffit de le vouloir très fort pour que les monstres disparaissent des coins sombres des chambres. Il suffit de regarder très longtemps, les yeux écarquillés dans le noir, pour que les visages difformes prêts à vous engloutir redeviennent les objets familiers, simplement la penderie restée entrouverte en guise de bouche béante, le miroir comme un œil avide. Youra s'est anesthésié en refusant aux Boches tout droit à l'existence.

Il se souvient très bien de la première fois que s'est matérialisée devant lui la vérité des trains partant vers l'Est : ce n'était alors que des moyens de transport. Un outil au service de l'entreprise géante déployée par les Allemands, un détail dans le plan colossal qui voulait leur fin, par traque, par étouffement.

Mais cette fois-là, Jospa n'avait pas seulement évoqué les trains, il avait mentionné les gens qui s'en échappaient. Youra avait été surpris de sentir son cœur se serrer, presque une suffocation, quand Jospa avait fait allusion à ces « lascars » – il se souvient très bien de ce mot, « lascar » – qui ouvraient les fenêtres et se jetaient dans la nuit : il s'était retrouvé empli d'un sentiment d'injustice qui lui avait coupé la respiration, une si profonde injustice, une solitude, une honte, un dégoût. Ces gars-là sautaient des trains, et il n'y avait personne pour les attendre. Ils faisaient leur part du boulot, alors qu'ils avaient été parqués dans des camps depuis des semaines, des mois, affamés, déshonorés, à Malines ou à Breendonk. Et eux, que faisaient-ils ? Eux qui menaient leur vie, peinards, dans Bruxelles ? Avec l'étoile, le rationnement, le couvre-feu, mais encore bien libres dans Bruxelles ? Eux... Lui.

C'était ce jour-là, à cette heure précise, que le rendez-vous avait été pris. Un projet excitant et secret. Intime. Dont on convoquera l'image encore et encore, jusqu'à l'user.

Ensuite sont venues toutes les bonnes raisons de renoncer. Les partisans qui invoquent les risques encourus. Les copains saboteurs qui ont d'autres chats à fouetter. Il faudrait des moyens, des armes dont on ne dispose pas. On va se retrouver avec des civils sur les bras, qui ne sauront que faire d'eux-mêmes. Les quelques rescapés que les Boches n'auront pas fauchés avec leurs mitraillettes depuis les toits des wagons... Les Juifs évadés qui seront immanquablement repris. Dénoncés par les Belges chez qui ils trouveront refuge... Mais l'image était dans le cœur de Youra. Rendez-vous était pris.

25

Kurt Asche est déjà assis à son bureau lorsqu'il entend parler de cette histoire de train. Le poids stupide de la hiérarchie militaire lui tombe dessus comme un sac. Son col l'étouffe. Tout le monde a été prévenu, tout le monde sauf lui. Alors qu'il s'agit de ses Juifs. Sa collection personnelle, constituée si patiemment. Mais ça, tout le monde semble s'en foutre. Le travail, l'abnégation, les heures, le goût du bien fait, la patience.

Ils s'agitent depuis le milieu de la nuit. Les responsables de l'acheminement. Les responsables du camp de rassemblement. Ces imbéciles de policiers en charge de la sécurité du convoi. Tout le monde. Depuis 1 h 20 du matin, ils vocifèrent et courent en tous sens. Mais lui, il apprend l'évasion à 8 h 49. Et on espère diriger l'Europe, et le monde ?

Kurt n'en veut pas aux Juifs. Le gibier s'enfuit si on ne lui lie pas les pattes comme il faut. C'est sa nature, il faut la comprendre, ça fait partie du jeu. Si vous leur laissez une faille par où la lumière passe encore, ils essayeront d'en faire une fente plus large. Jusqu'à y glisser leurs doigts, jusqu'à les user, ces doigts, les tordre, les faire saigner, fendre les ongles, démettre les phalanges, jusqu'au sang qui ruisselle. Ils useront la tendre consistance des chairs contre les fibres serrées. Jusqu'à conquérir un interstice de plus en plus grand où ils pourront glisser leur main tuméfiée, leur bras, leur épaule, leur corps, et cette tête qui contient leur cerveau agile. Non, le visage qui lui apparaît n'est pas celui d'un Juif heureux d'avoir échappé – pour un temps – au voyage. Pas non plus la face ronde aux petites lunettes de Himmler. Himmler est trop loin. C'est Anton Burger en personne qui se matérialise là, de l'autre côté du bureau, les jambes croisées, la mine questionneuse, presque distrait, intimement pénétré de l'incompétence qui règne dans la pièce, l'incompétence sous la forme d'un certain Kurt Asche.

Anton Burger est déjà venu. L'année dernière, son expertise s'est transportée jusqu'ici, où il a tout vu, tout noté et corrigé. Si Anton revient à Bruxelles, l'humiliation prendra des teintes de redite, assorties d'un goût nouveau. Mais une image traverse l'esprit de Kurt, qui cherche l'air ; il retient cette image qui s'impose et devient une vérité. Anton Burger est à Auschwitz. À l'autre bout du train, très précisément. C'est lui qui va ouvrir les portes ; la honte est en marche, programmée, irrévocable. Le convoi va suivre les rails prévus, sans déroger. Des mains allemandes vont ouvrir les portes, constater, compter, additionner ; puis rire de l'incompétence belge ; mépriser, rapporter les faits, sous forme de chiffres, de listes. Anton Burger sera mis au courant, il lèvera les yeux au ciel, fera le rapprochement avec lassitude. Belgique égale incompétence égale

Kurt Asche. Un rapport sera tapé. Mais pas le genre de petit rapport classé sans suite qui vient garnir les trop nombreux classeurs qu'on ne consulte plus. Un mémo spécial destiné au commandement : les dieux et les demi-dieux, Eichmann, Himmler ; et jusqu'au chef suprême, Hitler en personne. « Les trains de Belgique sont percés comme des bassines rouillées. »

La stratégie qui s'impose est claire. Elle vient d'apparaître à Kurt dans toute la splendeur de sa simplicité. Il doit prendre de la hauteur. Des Juifs échappés ? Mais certainement. C'était prévu. Dix pour cent ? Quinze ? Normal. Attendu. Un convoi particulièrement fourni. Des individus spéciaux, plus nombreux que d'habitude. Un nouveau type de wagons : un essai imposé par d'autres. Et puis la certitude que tous ou presque seront repris. Et renvoyés. On ne vide pas une mare de ses salamandres sans que certaines retombent à l'eau. Mais où voulez-vous qu'elles aillent ? Vers quel ailleurs nageront-elles ?

Les informations arrivent et s'empilent sur son bureau sous forme de rapports qu'on a pris le temps de parfaitement taper à la machine. Mais Kurt n'y jette même pas un œil. Il en devine la teneur. Combien de corps ramassés sur les voies. L'âge. Le sexe. Les blessés. Les agonisants. Tout cela va retourner en droite ligne à Malines, ils seront les premiers de la liste du convoi numéro 21. On les soignera pour ne pas effrayer les petits camarades, pour ne pas qu'ils s'autorisent à imaginer la suite. L'imagination est une maladie terriblement contagieuse.

Kurt se lève et va se servir une tasse de café dans la pièce d'à côté, où deux sous-fifres courbés tapent en faisant trop de bruit. La vision d'Anton Burger lui a laissé une acidité baladeuse entre l'arrière-bouche et l'estomac. Il va falloir laver ça. Un instant, Kurt est traversé par l'envie de se venger sur quelqu'un. Mais ce serait par trop attendu.

En revenant vers son bureau, Kurt décide que si on lui envoie Burger, il se tirera une balle dans la tempe. Ce sera du plus bel effet. En attendant, la hiérarchie ferait mieux de lui envoyer des félicitations officielles, pour le travail acharné qu'il accomplit dans un contexte que tous les experts décrivent comme particulièrement difficile. En France et en Hollande, sans parler de la Pologne, ses collègues peuvent compter sur une population majoritairement hostile aux Juifs. La défaite a percolé ; les civils voient clairement où se trouve leur intérêt. Mais les Belges, eux, sous leurs airs de bourgeois débonnaires, sont de vraies petites crapules. Ils se sont installés au bord de son étang personnel avec de gentils sourires et ils cachent les salamandres dans leurs poches, après les avoir recueillies à mains nues, sans se soucier des salissures.

26

On se croirait à Vienne. Ou à Prague. Pas à cause des uniformes : à cause du grand kiosque à musique. Chacun apporte son instrument, un tabouret pliant, quelques partitions. Les formations se créent en fonction des gens qui sont là ; parfois il y a trop de cuivres, parfois trop de vents. La mélodie glisse, les fausses notes se mettent à pleuvoir ; Mozart prend des airs de jazz puis se casse la gueule, mais ce n'est pas grave. Ici, au milieu du Parc Royal, l'ambiance reste bon enfant, ce qui est toujours bon à prendre.

— Ah... Peut-être une candidate ?

Youra et Jean, assis sur un banc, regardent passer les filles avec des airs d'experts. Mais la jolie gazelle en jupe plissée rouge passe sans les voir, indifférente au terrible romantisme qui règne pourtant sous les frondaisons. Youra est catégorique :

— Tout ce que tu vas pêcher par ici, c'est des catholiques à lunettes, avec des dents. Plus elles sont jeunes et jolies, plus vite elles détalent.

— Toi aussi tu as remarqué ?

— Mais c'est une constante, répond Youra. Tu ne savais pas ? Une des lois de la physique. « L'amour du classique est inversement proportionnel au tour de poitrine. » Je crois que c'est la constante de Pranck.

— C'est ballot. Moi j'aime les artistes. Les autres ne m'excitent pas.

— En voilà une, d'artiste.

— Où ça ?

— La grande qui boite, près de la fontaine. Elle vient à toi. Elle cache un flûtiau dans sa besace, elle va te jouer une sarabande. Un truc sublime. Mais elle a des poils sur les seins, et aussi un peu près des yeux. C'est comme ça.

C'était difficile de parler du train, alors on tournait gaiement autour du pot. Même si Pamplemousse avait déjà fait rire Youra un peu plus tôt, en relatant l'aventure comme s'il s'agissait d'un fait d'armes accompli par d'autres gens. « L'agent Franklemon s'est montré un exemple pour tout le groupe. Une constante durant la mission : sa plus complète apathie. Plus d'une fois, n'écoutant que son courage, il resta derrière l'arbre où il avait adopté une attitude virile de combat, à la manière d'un I majuscule. Jusqu'au moment de prendre la fuite, ce qu'il fit comme un brave, à travers bois. »

La grande femme ne cachait pas de flûtiau dans son sac, finalement, mais des graines pour les pigeons. Elle s'était assise sur le banc d'à côté, et les attirait avec des claquements de langue très étranges. Jean se souvient.

— Pauvre Maistriau. Qu'est-ce que je lui ai cassé les burnes. Des heures et des heures. Toute la nuit en fait.

— Mais non. Je ne te crois pas. Tu es toujours extrêmement civil, au contraire.

— Mon Dieu, sur toute la route du retour je lui ai cassé les burnes. On n'en menait pas large, tu peux me croire. Toutes les cinq minutes, on décidait que tu étais mort. Et puis cinq minutes plus tard on te ressuscitait. C'était la sainte fête de Pâques. Toute la nuit.

Youra rit.

— Et puis je n'arrêtais pas de m'excuser, reprend Jean. De le féliciter, lui. Et de m'excuser encore. Il me disait : « Mais arrête ça. Tu as fait ce que tu as pu, arrête. » Mais moi je parlais, je parlais, je parlais. Il fallait que ça sorte.

— Tu disais quoi ?

— Mais que j'aurais dû rester chez moi ! J'en revenais pas d'être vivant, tu comprends ? J'en reviens toujours pas.

Jean se penche à l'oreille de Youra. Il répète, plus bas :

— J'en reviens toujours pas, Youra.

Youra est intrigué par une vieille qui tient son basson à l'envers.

— Moi non plus, qu'est-ce que tu crois ?

— Tout me paraît plus beau, c'est étrange. Ça te le fait, à toi aussi ? demande Jean.

— Oui.

— On a dormi chez Lili, à Tervueren, je te l'ai dit ? Tout me paraissait beau et plein, comme… chargé, chargé de vie. Même Robert, tout. Tout sentait bon. On a dormi dans sa chambre, j'avais envie de lui faire l'amour toute la nuit.

— À Robert ?

— Non. Pas à Robert. À Lili. J'étais heureux comme un enfant. Et ça continue. Chaque fois que j'y repense, ça… ça…

Jean fait des gestes qui lui montent des jambes et lui traversent tout le corps.

— Je crois qu'elle les mange.

Youra parle tout bas, comme en confidence.

— Qui ? Quoi ? demande Jean.

— Les pigeons. Elle les attire sous ses jupes, elle les étouffe avec ses cuisses, et elle les emporte chez elle pour la poule au pot.

— Tu crois ?

— Certain. Regarde bien son manège. C'est maigre comme une chèvre, mais ça mange à sa faim, ça tu peux me croire.

27

Un paradis. Une vue magnifique sur l'abbaye de la Cambre. Une cave bien fournie, avec des tonneaux mis en perce comme devaient en posséder les châtelains du Moyen Âge. Les terroirs sont inscrits à la craie : Aloxe-Corton, Auxey-Duresses, Romanée-Conti. Romanovitch garde le trousseau dans sa poche et le fait tinter toute la sainte journée. Le bruit des clés excite ses glandes salivaires : le goût des grands vins lui remonte aux narines.

C'était la maison des Fazel. Autrefois Fazelbaum. Les maroquiniers attitrés de la famille royale. Mais plus maintenant. Depuis une semaine qu'il en a pris livraison, Romanovitch passe le plus clair de son temps « à la maison ». Il a invité Malka à le rejoindre vendredi soir, pour un petit souper en amoureux. En attendant, il parcourt lentement son logis, savourant le creux des fauteuils, admirant la collection de vases Art déco, transformant lentement les vasques de terra cota et les cornes d'ivoire en autant de cendriers. On se croirait dans une tombe égyptienne : rien n'a bougé. Tout est prévu pour le confort des occupants. Dans l'espoir d'une vie après la mort.

Pierre Romanovitch choisit un recueil dans la bibliothèque, se sert un verre et passe une agréable demi-heure à s'imprégner des poèmes que les membres de la famille Fazel ne liront plus. Puis il se lève et contemple les portraits qui ornent le salon. Madame, en robe noire et broche de diamants, admire encore la vue et profite de la quiétude du quartier, par peinture interposée. Monsieur arbore des lunettes d'or et quelques bagues, les mains croisées devant lui en un geste conservateur. Les trois filles, de quatorze, seize et vingt ans, n'ont pas eu droit au portrait à l'huile, mais à une photo de groupe tirée en grand format. Elles sont à Coxyde, dans les dunes ; floue à l'arrière-plan, on devine la grande maison de type normand, toit pointu et colombages, où on allait chaque été prendre le frais, lire Stefan Zweig et rire. La plus jeune a les cheveux mouillés. Elle sourit au photographe anonyme, tandis que ses deux aînées prennent des airs plus graves : elles savent qu'on les capture pour l'éternité.

Romanovitch soupire. En tant que prince russe, il sait ce que c'est que d'être, et d'avoir été. Tout à l'heure, il retournera au dressing de Madame. Les robes n'ont pas bougé. Elles sont encore imprégnées de l'odeur corporelle de leur propriétaire. Lanvin. Dior. Les Fazel avaient une loge à l'opéra, à l'année. Et des chevaux, qu'on montait le dimanche pour faire un tour au bois de la Cambre et pour remonter l'avenue Louise, voir et être vus des « autres familles ». Pierre aimerait beaucoup que Malka joue le jeu. Qu'elle consente à s'attifer.

Qu'elle entre dans la pièce sans fenêtre mais lambrissée d'armoires, en riant. Qu'elle tourne sur elle-même comme dans ces comédies américaines, en s'admirant dans les miroirs. Mais elle lui a déjà fait comprendre que le jeu ne l'amusait plus. Peut-être aura-t-elle changé d'humeur vendredi : Malka est tellement imprévisible. Peut-être que la profondeur des vins et des tapis lui donnera envie de plonger avec lui dans un délire en spirale où « on disait que... ». Si elle se soustrait, on se contentera de boire et de grignoter les conserves de luxe confisquées à Malines, que Kurt aura fait parvenir.

Mais ce serait dommage. Si Malka refuse, il faudra qu'exceptionnellement il revienne avec une autre, plus conciliante. Qui fera ce qu'il lui indiquera, et qui se parera sans rechigner des tiares, des torques et des diadèmes. Car Mme Fazel n'a pas pu emporter tous ses bijoux. Les « fantaisies » sont restées bien rangées dans les tiroirs où l'on peut puiser à pleines mains. Ce sera la nuit. La fille sera nue et, comme dans le poème, elle n'aura gardé que ses bijoux sonores. Elle lui apparaîtra dans une embrasure, portant à bout de bras la seule source de lumière : un unique cierge sur un bougeoir baroque. Elle lui sourira en voulant bien faire, mais Pierre effacera mentalement ce sourire pour ne garder qu'une mine grave de prêtresse, de vestale. La fille avancera ; il faudra qu'il l'ait choisie grande, déliée. On devinera sa toison sous les lourdes chaînes mordorées de Mme Fazel, superposées comme sur une esclave babylonienne. Elle posera la bougie avec solennité. Plantera ses yeux dans les siens. Saisira un recueil posé tout exprès et lui déclamera quelques lignes immémoriales.

Romanovitch rouvre les yeux. Il faut que ce soit Malka. Une autre viendrait tout gâcher avec une question ou avec un geste. Le Russe reprend son verre. Il ne reste que quelques gouttes claires à irradier encore au fond du cristal : le moment de repasser par les cuisines pour une remise à niveau. Puis nous retournerons au petit salon-bibliothèque. Sans doute qu'ils ont *Les Fleurs du mal*, une version illustrée par Félicien Rops, qui sait. Baudelaire viendra nourrir ses visions, les affiner, les compléter. Octroyons-nous encore une bonne heure de plaisir avant de retourner à nos affaires, à l'extérieur où Bruxelles nous réclame.

28

Youra est assis à son bureau. Entre ses doigts, plusieurs feuilles à l'en-tête de Pharmacobel, aux colonnes serrées. Les échantillons. Les livraisons… Il n'arrive pas à faire le point sur les chiffres, trop petits, trop nombreux. Il en a traité des centaines, mais aujourd'hui la logique lui échappe, la nécessité aussi. Il reprend pour la quatrième fois le décompte, les totaux devraient tomber juste, mais une fois encore, quelque chose en lui décroche pour faire place à une sensation étrange : un souvenir qui ne lui appartient pas tout à fait, puisque c'est son rêve de la nuit. Les rapports sont toujours devant ses yeux, mais les images s'imposent au fur et à mesure qu'un certain ordre redonne du sens. Un travail de patience, comme tricoter une laine mal filée, un travail qui se déroule à la vitesse de la pensée.

Il est dans un ascenseur à ciel ouvert, une sorte d'attraction foraine suspendue, une cage métallique sans fond ni toit, où on est assis par deux face à d'autres, huit sièges en tout ; mais rien au centre, seulement le vide, les pieds ballants dans l'air et la structure qui monte toujours, toujours, comme un ascenseur le long d'un mât gigantesque.

Youra est là, avec à sa gauche une jeune femme inconnue, mais qu'il connaît pourtant intimement. Il touche presque du genou la jambe de la personne à sa droite, et cette personne est : Adolf Hitler en uniforme. Hitler est là, en toute décontraction, il tient la main d'Eva Braun, assise juste après lui, Eva qui rit pour faire passer la peur. Les quatre heureux passagers sont accrochés par une ceinture de sécurité individuelle comme sur les voitures de course, seul lien qui les relie aux chaises, à la structure, à la vie.

Le Führer est concentré, il jette des coups d'œil à la ville à ses pieds. Est-ce Vienne, Prague, Berlin ? En tout cas ce n'est pas Bruxelles… Youra est submergé d'une envie puissante, celle de déboucler d'un geste la ceinture de Hitler, de le précipiter dans le vide, que c'en soit fini de lui. Il pourrait accomplir cette action sans problème, tendre la main, saisir l'uniforme par l'épaule… Mais un doute le prend peu à peu. Ce n'est peut-être pas Adolf Hitler qui est assis là, mais Charlie Chaplin ; Charlie Chaplin costumé exactement comme dans *Le Dictateur*.

Et s'il allait assassiner le génie du rire ? Le maître de l'humour noir ? Le pendant parfait du monstre, son double inversé, drôle, humain, souple et sans complexes ? La méprise serait terrible, comment l'expliquer aux camarades ? Et pourtant… ça pourrait aussi très bien être lui. Hitler, le vrai.

Youra scrute les détails. Cette moustache qui semble authentique. Cette main courte sur laquelle est posée celle d'Eva, aux ongles trop rouges dans toute cette scène en noir et blanc… Il faut qu'il se décide. Youra s'en voudrait toute sa vie de n'avoir pas agi tant qu'il était temps. Mais voici que l'ascenseur de fer redescend, bientôt la hauteur ne sera plus mortelle. Les yeux de Youra sont prisonniers de l'attache nichée au ventre d'Adolf, à côté de sa boucle de ceinture à l'aigle déployé. Il s'imagine une nouvelle fois tendre le bras. Hitler va se débattre, hurler, frapper. Eva sortira un petit calibre et les visera, les sourcils froncés. Le sol se rapproche à toute vitesse. Youra tend la main. C'est décidé. Tant pis pour Chaplin, l'occasion est trop belle.

Youra est de retour dans son bureau chez Pharmacobel. Le rêve n'a pas de fin. Ou alors il ne s'en rappelle plus. De sa vie, il n'a jamais autant rêvé que ces derniers jours. Son carnet de guerre va finir par ressembler à un inédit de Rimbaud : d'autres visions absurdes, les unes après les autres, qui ont toutes l'éclat du vrai. Avec des soleils qui brillent sur des mondes plus grands. Des déserts arides et des Jérusalem célestes qui descendent sur terre très lentement dans un brondissement de cuivres antiques. Il ne rêve pas qu'il vole ou qu'il ose embrasser sa jolie voisine : de temples de marbre vivants, vibrant d'une religion nouvelle, qui existent sans entrave et résonnent d'une musique si claire qu'on ne l'entend plus. Personne n'y marche que l'esprit, et dans la blancheur de la lumière vit tout le spectre arc-en-ciel ; il peut le voir, il s'en imprègne profondément, il sait. Ensuite il se réveille en ayant tout oublié, sauf l'essentiel, et amoureux de la journée qui vient à lui.

L'autre jour il a rêvé de Raspoutine, mais il a trouvé ça banal puisqu'il avait lu un article dans l'exemplaire d'*Historia* qui traîne à côté de son lit. Dans des salons surchargés de rouge et d'or, Raspoutine ressemblait au Christ, il étendait les bras et laissait venir à lui les petits enfants, qui n'étaient autres que la famille Romanov au grand complet. Sauf qu'à certains moments particulièrement excitants, Youra ne contemplait plus Raspoutine, il *était* Raspoutine, et ses propres paroles le grisaient. Raspoutine n'était pas encore englué à la Cour, il n'était qu'un simple *starets*, un moine sage, humble, touché par la grâce à son insu, resplendissant malgré lui, un vecteur sans volonté ni orgueil entre le Ciel et les hommes.

Dans un autre repli du rêve, Raspoutine agonisait au milieu de l'immense cour symétrique d'un palais de Saint-Pétersbourg. La neige se déposait en cristaux légers et masquait peu à peu ses traits. Youra n'était plus ce Raspoutine-là, bouffi par les blinis au caviar, gonflé d'un orgueil délirant, aspirant toute la Cour dans un délire mortifère et sexuel où seule la transe du pouvoir réussissait encore à l'enivrer. Ce Raspoutine-là se tenait à ses pieds. C'était lui, Youra, qui venait de l'abattre de deux balles d'argent tirées en plein cœur. Dans la nuit et le silence neigeux, il avait délivré la terre du Mal avant qu'il ne puisse parachever son œuvre.

Quand il était enfant, à la Monada, tout le monde dessinait ses rêves. La plus grande pièce de la maison, un jardin d'hiver donnant sur les arbres, était dévolue à cette activité consacrée. Des feuilles par centaines attendaient que s'y couchent les visions nocturnes, au fusain, au crayon, à l'aquarelle, à la gouache, au pastel. Les enfants surtout se prêtaient au jeu : la cage d'escalier, jusqu'aux combles, était couverte des images intimes les plus libres, qui s'étaient invitées jusqu'au cœur de la journée et sur le papier. C'était à qui se souviendrait le mieux, et ça développait un rapport profond entre soi et ses songes, parfois en une mythologie partagée avec toute la communauté.

Youra rêvait alors très souvent de choses abstraites. Des expressions de la langue française prenaient vie et le poursuivaient. Comme cette aiguille perdue dans une botte de foin. Plus les mots s'incarnaient et prenaient forme, plus ils grandissaient dans l'esprit de l'enfant, et plus terrifiant devenait le rêve, non pas tant à cause des concepts grisants, que de la place qu'ils prenaient. La botte de foin remplissait tout l'espace : le jardin, le quartier, le pays ; tout l'univers n'était bientôt plus que foin, Youra y voguait comme en suspension, et l'aiguille tombait toujours, se perdait de plus en plus complètement à mesure que la quantité de foin grossissait. Il n'y aurait bientôt plus aucune chance de la retrouver, ni aujourd'hui, ni demain. Ni Youra, ni personne n'y parviendrait jamais.

Vingt ans après, Youra ne fréquente plus la Monada depuis bien longtemps, mais il fait toujours le même rêve. Certaines fois, l'aiguille lui apparaît pourtant sous la forme d'un éclair de lumière, là-bas. Elle est en train de tomber en tournant sur elle-même, elle a le temps de réfléchir la lumière. Mais avant que Youra arrive jusque-là, le foin aura eu le temps de se faire plus compact, plus épais. Ses poussées seront vaines, ses tentatives de brasse ou d'oscillations ne feront que resserrer la paille tout autour de lui. Et l'aiguille d'or qui pourrait le sauver, le délivrer, s'échappera encore.

La maison de son enfance est à l'abandon depuis plusieurs mois. Les gens se sont dispersés. Les livres de la Société de théosophie, rassemblés par Marcel au 51, ont été confisqués. Toute mystique est mal vue par le nazisme, à cause de l'ombre qu'elle pourrait lui faire. Peut-être que les dessins sont encore punaisés aux murs de la cage d'escalier. Sûrement, même. En pensée, Youra traverse le jardin. Les grands marronniers apportent une ombre fraîche. Sur la table de la terrasse, une cruche avec du sirop de sureau qui attire les guêpes. Il monte les trois marches, pousse la porte du jardin d'hiver. Plusieurs enfants courbent le dos et usent leurs pastels avec passion, dans le silence. Youra s'approche. Peut-être est-il l'un de ces enfants, peut-être le dessin qu'il va bientôt apercevoir par-dessus sa propre épaule lui rappellera-t-il un rêve oublié mais important. Ni Hitler ni Raspoutine, mais peut-être des formes abstraites et affamées ? Mais Youra change de route, il laisse les deux petits à leurs feuilles, il prend la direction de la cage d'escalier. De là-haut la voix de sa mère l'appelle. You-ra ! You-ra ! Il aimerait lui répondre qu'il est en bas, que tout va bien. Mais rien ne sort de sa bouche puisqu'il n'est plus là qu'en pensée. Pourquoi rassurer sa mère dans cette maison vide où il ne fait que passer ?

Tout à l'heure il ira au 51. Ça dessinera dans l'atelier. Un modèle vivant aura pris place au centre, sur un tabouret de bois. Il fera le tour en silence pour ne pas distraire. Puis il descendra d'un étage et il ira parler avec Marcel. D'une manière ou d'une autre, il essaiera de lui redonner le moral. Marcel est si sensible. Malgré les beaux discours, l'humour, les commentaires, il a peur d'une vie qui se dissoudrait dans l'occupant. D'une acceptation, d'une résignation, qui consisterait à faire taire en soi ses aspérités, le côté bancal de la vie et de Bruxelles. D'une manière subtile et joyeuse, Youra lui fera comprendre que les livres de Krishnamurti reviendront sur ses étagères. Que la vie de l'esprit ne mourra pas. Qu'elle habite profondément, discrètement, des gens comme lui et comme son frère. Marcel lui adressera un sourire en parlant d'autre chose, et Youra retournera à l'atelier faire des plaisanteries idiotes avec les amis.

29

Ils sont à la terrasse de l'hôtel Métropole. Romanovitch, long manteau anglais, est en forme.

— C'est un ferrailleur complètement abruti. Il ne parle que le brusseleir, et encore : entre ses dents. Il a trois chiens presque aussi méchants que lui : deux petits et un gros. Il dort sur son terrain près du canal, dans une baraque en tôle où il se réchauffe toujours les mêmes haricots sur un réchaud. Des haricots figés dans leur sauce.

— Tu en as beaucoup des comme ça ? demande Youra.

— Une demi-douzaine. J'ai aussi l'agent de police. Celui-là, je le soigne. Une vraie merveille. Con, mais brave. Il louche légèrement.

— Mais c'est un travail de fou.

— Oui. Une gymnastique pour l'esprit. Et pour le corps.

— Et aujourd'hui, on a droit à qui ?

— Mais tu es aveugle, mon ami ?

Romanovitch allume une cigarette avec son Montblanc en platine.

— Aujourd'hui, c'est moi. Aujourd'hui tu as droit au Comte en personne. Tu ne mérites rien d'autre.

— Et Malka ? C'est qui son préféré ?

— Malka est folle amoureuse du Comte, évidemment. Avec les femmes, il ne faut pas chercher midi à quatorze heures, il faut leur donner leur ration. Du beau, du bon, Dubonnet. Malka vibre pour le Comte. Mais elle a aussi un faible pour Émile. Le mauvais garçon.

— Émile ?

— Émile aurait pu devenir poète, mais la vie en a décidé autrement.

— Je vois, dit Youra. Le crime lui a fait de l'œil.

— Oui. Il a perdu ses illusions à vingt ans. Et depuis il court derrière une idée. Il fréquente les sales quartiers. Il fait des coups. Pas pour le plaisir ; il a quelque chose à expier.

— La société le dégoûte, je parie.

— Tu connais Émile ?

— Oui, je crois que je l'ai déjà rencontré. À peu près ta taille, mais avec dans les yeux un rêve brisé.

— Tu le connais bien, ma parole.

— Assez.

Voici le garçon qui apporte la bière et le café. La place De Brouckère est calme. Plus une seule voiture. Les gens marchent sous le soleil, sans se presser. Beaucoup n'ont plus grand-chose au programme, la guerre en a fait des désœuvrés. Romanovitch avale son café d'un trait. Youra prend la tasse vide et la porte à ses narines.

— C'est du vrai…

Romanovitch rit.

— Il faut mettre ses priorités aux bons endroits. Un jour tu renonces à ci, un autre tu renonces à ça. Et puis tu te réveilles et tu ne sais plus qui tu es.

— Ce serait dommage.

— En effet.

Youra prend une gorgée de bière.

— Tu as une idée pour des timbres, alors ? demande le Comte. Quelle quantité ?

— Je ne sais pas. Un maximum, j'imagine.

Romanovitch se penche vers lui.

— Je vais te dire un secret.

Youra s'approche à son tour. Le Comte lui parle à l'oreille

— « Un maximum », c'est pas une quantité. C'est une ambition. Et ce n'est pas bon, l'ambition. Une quantité, c'est mieux.

Romanovitch reprend sa place.

— Il faut établir son objectif. Tu établis. Tu travailles pour. Tu obtiens ou tu n'obtiens pas. Tu établis un autre objectif. *En zo voort.*

Youra ne sait pas s'il doit rire. Ou sourire. Avec le Comte, on ne sait jamais. Parfois il se parodie. Lui-même ne sait plus toujours quel personnage il joue. Ce personnage-ci pourrait se vexer soudainement.

Chaque rencontre étend leur terrain d'entente. Romanovitch est flatté par cette nouvelle amitié intelligente. Et Youra pense avoir trouvé le levier qui va donner un nouvel élan à son action. Peut-être est-ce de l'orgueil. C'est ce que dit Malka. Youra veut manipuler le plus grand manipulateur de Bruxelles. Rien que ça. Il voit

Romanovitch comme un pion, qu'il suffit de déplacer. Mais Romanovitch ne se déplace pas comme ça. C'est un pion qui réfléchit, qui n'obéit à aucune règle, et qui aura toujours un coup d'avance.

Le rêve de Youra, son « ambition » comme dirait Pierre, c'est le Gros Jacques. Les partisans s'y sont déjà cassé les dents. Lui, avec son frère, aimerait en venir à bout efficacement. Il sait que Romanovitch dispose de toutes les infos nécessaires. Il lui faut à présent brosser sa schizophrénie dans le sens du poil. Un exercice épuisant.

— Tu as entendu parler du train ?

Pierre Romanovitch tire sur sa cigarette en étirant ses yeux de chat. Il guette la réaction de Youra, qui n'en a pas. Ça fait des jours qu'il joue la comédie, à présent il est rodé, la mention du train ne suscite plus la moindre réaction. Et pourtant il faudrait. Même les grands noms du poker se composent des mines crédibles en fonction des circonstances.

— Incroyable histoire. J'aurais bien aimé voir ça.

Romanovitch exhale sa fumée. Peut-être qu'il sait.

— Deux cents. Ils en ont sorti deux cents. Tu te figures ?

Youra est sur le cul. Pour de vrai.

— Deux cents ? J'avais entendu quarante.

— Tu as entendu ça où ? Moi j'ai les chiffres.

Youra sourit.

— Monsieur le Comte a ses entrées à la Kommandantur.

— Tu serais étonné, si tu savais avec qui je dois trinquer…

— Une vie de misère.

— Ils se méfient de moi. Tout le monde se méfie de moi. Toi aussi.

Les deux hommes échangent un regard. Youra baisse les yeux en premier. Ce Comte est un sacré bonhomme. Il marche sur un fil, et il faut y marcher aussi si on veut le suivre. Mais faut-il le suivre ? Il va où son plaisir le mène, son plaisir et son intérêt. S'il veut en savoir beaucoup, Youra va devoir se livrer. C'est à ce prix. Comme dirait Romanovitch : « Pour gagner, il faut jouer. »

— Je cherche à coincer le Gros Jacques.

Le Comte le regarde sans répondre. Puis ses yeux parcourent la place. Les gens. Leurs vies où ils courent. Il revient à Youra avec un demi-sourire, la cigarette pointée sur lui.

— *Ça*, c'est un objectif. Tu as quelqu'un à venger ?

— Non.

— Non ? Parce que la vengeance personnelle *ça n'est pas bon*.

Tout à coup, Romanovitch prend un accent bruxellois. Ça doit être l'agent de police qui a pris possession de lui. Il poursuit.

— Ça disperse au lieu de concentrer. Tu veux venger qui ?

— Personne. Tout le monde.

Romanovitch retrouve sa voix chaude et déliée.

— Ne me dis pas que tu voudrais être utile à la société ?

Youra sourit sans répondre. Romanovitch repart.

— Ne me dis pas que tu es un de ces comiques avec des idées ?

Youra se penche et murmure.

— Un communiste, tu veux dire ?

Romanovitch part d'un grand rire. Puis il se rapproche et murmure à son tour.

— Ne me dis pas que tu es un de ces communistes au grand cœur ?

— Je ne crois pas trop aux grandes causes.

— J'aime mieux ça. Bien que ce soit quand même agréable. Mourir pour une idée. Se faire une religion de soi-même. Porter le regard loin. Être prêt au sacrifice.

— Mazette ! Je te verrais bien créer un groupe.

— Oui. Moi aussi, je me verrais bien. Un front. Ou alors un comité.

Youra se concentre en reprenant une longue rasade de bière.

— Le Comité d'action contre les grandes idées.

— Absolument. Le C.A.G.I. CAGI. Ou alors le CAJO. Ça sonnerait mieux : le cageot. Comité d'action pour la jeunesse organisée.

— Mmm… Je préfère Comité d'action pour la *jouissance* organisée. Ça t'irait mieux.

Romanovitch le dévisage une longue seconde.

— Non. Là tu perds de vue l'objectif initial. Tu te disperses, mon vieux. Si tu veux fédérer un minimum de cons, il faut rester sérieux. Après, tu t'amuses en petit comité, le soir.

Youra aimerait revenir au Gros Jacques. Il sait qu'une phrase de Romanovitch, lâchée l'air de rien, pourrait le mettre sur une piste. Une habitude. Un lieu. Une heure. Mais si le Comte n'est pas mûr, ce n'est pas la peine d'insister. Il faut respecter l'humeur du jour.

Savoir attendre. Peut-être que lui, pendant ce temps-là, prononcera l'une ou l'autre phrase qui fera progresser son compère dans ses petites affaires. On raconte que Pierre Romanovitch mange à tous les râteliers. Il le raconte lui-même, et vient de le faire. Avec lui, rien n'est sous-entendu, et tout l'est.

Mais Youra apprécie sa compagnie, à cause de son intelligence. Même s'il se sait une proie facile pour un intrigant tel que lui. Idéaliste. Médecin. Interdit d'exercer. Frustré, certainement. Petit chef de production dans un laboratoire de médicaments, alors qu'il pourrait soigner des gens à Saint-Pierre. Youra sait très bien ce qu'il incarne aux yeux de Pierre. Un filon à creuser. Mais le filon est consentant. Il se sent prêt à se laisser faire. Il a senti chez le Comte une désillusion fertile. Un authentique esprit libre qui se cache derrière le collaborateur de circonstance. Tous les chemins sont bons à prendre pour cet aventurier pervers mais sincère. Youra va faire un bout de route avec lui.

30

Youra est seul. Dans les fêtes qu'on improvise, quand il marche dans les rues vers les endroits où il se rend, quand il discute avec sa mère des choses à faire et à ne pas faire. Il est seul quand il rit et qu'il parle plus fort parce que ça montre qu'on n'a pas envie de se laisser abattre ; ou qu'il parle plus bas parce que le secret est de mise pour ces mots-là. Avec Robert, avec son frère, avec Jacqueline quand ils vont au bois. Il est seul, mais ça ne lui pèse pas comme aux vrais solitaires dont la vie ne veut pas. Jamais la vie n'a autant voulu de lui. Assailli de pensées et de pulsions organiques, s'il est seul, c'est parce que l'incandescence le réclame tout entier. Sentir battre le flux qui le tient.

Assis dans le tram, ballotté par les cahots, Youra laisse venir à lui les nuits de 1941. La belle époque. En ce temps-là, chez Minnie, on se plaignait de la guerre et de tout ce qu'elle était en train de nous voler. Mais elle n'avait encore rien pris d'autre que la première couche, le vernis ; pour dire le vrai, elle leur avait apporté beaucoup plus qu'elle ne leur avait pris, l'excitation, les grands mots, les postures, l'impression d'être vivants, tellement plus vivants que pendant ces années 30 où on se cherchait des héros. Dans les films, Gabin incarnait le désespéré romantique au grand cœur : mal aimé, incompris, ouvrier, il se rebellait contre le système ou les femmes, et puis il mourait derrière des grilles ou partait pour toujours sur des quais, vers des bateaux et des colonies. Ou dans la neige et des sommets inaccessibles. On s'inventait des héros brisés, désabusés. À présent on *était* les héros. C'était à notre tour de se battre, et pas question de mourir à la fin ; on allait vivre, faire preuve de patience, se débarrasser de l'ennemi, vivre encore.

Youra se souvient des moments, en ce temps-là, où l'on pouvait prendre des airs et profiter d'un délire commun fait de grandes phrases, de grands soirs. Mais sans les risques d'une vraie guerre. Sans la misère sordide imposée par ceux qui vous méprisent et qui vous traquent, et qui aimeraient vous asperger d'antivermine.

1941. Pour le réveillon du Nouvel An on s'était retrouvé au 51, comme il se doit. Tout le monde était là. Après les cris et la musique et les danses, on avait dormi côte à côte, comme des scouts, sous des couvertures partagées. On avait froid, on avait mal aux cervicales, Francine ronflait parce qu'elle avait trop bu. Youra se souvient d'une certaine scène dans l'étroite cuisine, au petit matin, avec Minnie, pas bien dégrisés de la veille – ni elle ni lui. On essayait vainement de parvenir à quelque chose, on ne savait pas exactement, un plaisir commun, et puis une silhouette mal réveillée qui débarque à l'improviste, le pantalon qu'on remonte, la jupe qu'on redescend, un pot de confiture vide qui tombe sur le sol, Robert qui repousse la porte en bâillant et qui répète mollement qu'il est désolé, vraiment. « Les gars, il y a des hôtels, merde. » L'année commence bien.

Début 41, l'occupant constituait encore un bloc abstrait. Les Boches étaient dans les rues avec leurs camions mais c'était comme un service d'ordre. La preuve tangible de quelque chose, mais on ne savait pas encore s'ils allaient se contenter d'une guerre politique. S'ils allaient rester quelques mois, changer les en-têtes sur les lettres des administrations, et puis repartir. On serait alors une lointaine province qui n'aurait d'allemand que le nom, comme ces lointaines provinces d'Autriche-Hongrie, autrefois, qui gardaient leur langue et leurs usages et qui redeviendraient ce qu'elles avaient été au gré d'un nouveau traité, après vingt ou trente ans.

Et puis les choses ont changé. Ils n'étaient pas venus pour décorer. Ce qu'ils faisaient en Pologne, on le savait par les lettres des cousins, des frères, des sœurs : on se les lisait en évitant de se regarder entre les phrases. Est-ce qu'on allait avoir un ghetto à Bruxelles ? À Saint-Gilles ? À Anderlecht ? Plutôt à Anvers, disaient certains.

Début 1941, Youra n'avait plus que quelques mois devant lui avant d'être officiellement déclaré médecin. L'université était encore toute grouillante de monde. Les Bruxellois ne savaient pas bien ce qu'était un Juif ; c'étaient des gens chassés par le Reich ; des pauvres à qui les Allemands en voulaient. Les filles riaient en sortant des cinémas. Les jeunes soldats boches eux aussi riaient, par groupes de trois ou quatre, en fumant des cigarettes.

En 42, ça a glissé, tout doucement. Et maintenant on est en 1943. Les gens se taisent. On fusille les jeunes idéalistes par groupes de dix, vingt ou trente. Des « otages communistes », « terroristes », pour compenser les officiers ou les collabos abattus en pleine rue par d'autres jeunes idéalistes. On attend que ça passe. L'université est fermée. On rase les murs. Les fameux terroristes, Youra en fait partie à présent. Il n'arrive pas à décider si ça fait de lui un héros à la Gabin. Peut-être. Peut-être qu'il faut voir tout cela comme un film. Mais pas un très bon film, alors. Un truc futuriste plein de clichés. Ce n'est même pas *Metropolis* ; ce n'est même pas une ville où les hommes agissent comme des robots, comme du bétail, c'est un continent entier, c'est *Deutschland über Alles*, on disait qu'on était les rois du monde, les empereurs teutoniques, et qu'on imposerait à tous notre vision de nous-mêmes, pour le bien commun. Et qu'il y aurait quelques petites rébellions ici ou là en bordure de l'Empire. L'Empire, cet animal énorme à la carapace intransperçable, cet animal insensible aux coups qui lui sont portés. Youra est un petit pion au sein d'une petite rébellion dans un coin perdu de cet Empire qui mange, qui grossit, qui s'étend.

Hier, il a vu sa mère, sa chère Saps, à l'appartement. Il était passé en coup de vent, parce qu'à présent il n'est plus question de vivre à son adresse officielle. Comme Choura il y a quelques mois, la nuit du train l'a fait entrer dans la clandestinité. Par prudence, Saps devrait y entrer elle aussi, dans cette vie clandestine, et sans tarder. Elle a assez d'amis pour l'accueillir. Quand on y réfléchit, son action n'est pas beaucoup plus sage que celle de ses fils. Tout le monde s'adresse à elle ; sans doute à cause de son intelligence. Rachel écoute longuement. Elle ne dit rien. Ceux qui la connaissent savent que les choses décantent. Des couches se forment et le liquide le plus opaque devient clair quand il est analysé par Rachel : ce qui est sûr, ce qui ne l'est pas ; ce qu'on peut faire, ce qu'on ne peut pas faire ; quand ; avec qui. Sa mère a les pieds sur terre. Elle connaît les langues, les mentalités, les subtilités de l'âme humaine, ces erreurs qu'on commet toujours, encore et encore, ces complaisances, les excuses qu'on se présente perpétuellement à soi-même et qui mènent aux absurdes décisions qui sont les nôtres.

Assis dans son tram, Youra ne peut s'empêcher de sourire à l'image de sa mère qu'il vient de convoquer. Saps est devenue, dans la Bruxelles clandestine, la spécialiste des Allemands. Il n'y a pas de raison objective à ce fait, mais quand une famille allemande débarque, elle finit toujours par se retrouver en présence de Rachel Livchitz. Les Allemands sont des cas difficiles. On a beau se dire qu'ils sont en fuite, qu'ils souffrent eux aussi, que ce sont des réfractaires au régime, des déserteurs, des braves, ils restent l'ennemi ; les mots qu'ils prononcent dans leur langue abhorrée font se dresser les poils dans le dos des Belges. Pour Saps, l'allemand n'est pas la langue de l'ennemi, c'est la langue salie par l'ennemi, souillée. Elle trouve un toit aux familles. Elle les met en contact avec des gens qu'elle connaît et qui ont le bras long : faux papiers et compagnie. Et elle essaie de leur trouver un lieu sûr, quelques tickets de rationnement. Elle leur donne une feuille avec des mots usuels de français et la façon de les prononcer phonétiquement. Des crayons de couleur pour les enfants. Youra et Choura se moquent d'elle à cause des crayons de couleur. C'est son côté Steiner qui s'empare d'elle dans ces moments-là. Que fait Rachel ? Elle se penche vers les petits avec un air de conspiratrice, elle leur fourre des crayons au fond des poches. Peut-être que dans une minute, à la descente du tram, leur père sera emmené et jugé sommairement. Mais en attendant, distribution de crayons. Jugé sommairement, puis décapité sur la Grand-Place avec une hache : le sort réservé par l'Empire aux déserteurs de sa Wehrmacht.

Comme lui et comme Choura désormais, sa mère ira de divan en divan. Hier, Youra s'est figé en la regardant fourrer ses affaires dans sa petite valise. Tout en empilant, elle n'arrêtait pas de lui parler d'une petite jeune fille qui avait besoin d'un docteur. Avenue Messidor, 64. « J'ai dit que tu irais. Que tu passerais. Elle a mal depuis huit jours, la pauvre, on lui donne des analgésiques, ou que sais-je. Essaie de passer aujourd'hui, tu veux bien ? » Youra lui a demandé où elle allait.

— Mais je ne te le dis pas. Ne me dis rien non plus.

— On n'en est pas là quand même.

Youra la regardait s'affairer. Il emmagasinait les images. L'appartement. Les plantes vertes. Les livres. Sa mère. Droite comme une statue grecque. Athéna et son air de justice.

— Bien sûr qu'on en est là. Si tu crois que je sais où dort ton frère…

— Mais lui, c'est un partisan. Il tue des gens.

— C'est comme ça qu'on fait pourtant.

— Saps, arrête !

Sa mère interrompt son geste. Elle a du linge dans les mains et le cale dans la valise. Elle lui sourit et remet une mèche derrière son oreille.

— On croisera des gens qui en croiseront d'autres, et comme ça on saura que les deux autres sont en bonne santé.

Les cahots du tram ballottent le corps de Youra, qui se laisse faire. Quand reverra-t-il sa chère Saps ? Comme promis, il s'est rendu avenue Messidor, au 64. La petite jeune fille était une grande femme de vingt ans. Elle était blanche comme une aspirine. Septicémie. Appendicite. Il fallait l'opérer immédiatement. Mais comme elle s'appelait Yaël Goldstein, il a d'abord fallu qu'elle s'appelle autrement. À présent elle s'appelle Isabelle Duval. Pas le temps de commander de faux papiers, on a été au plus pressé, on a pris des papiers existants. Isabelle est l'amie d'une amie. Elle restera chez elle aujourd'hui en attendant que ses papiers lui soient rendus : ils sont dans la poche d'une certaine Yaël, qui va mourir en vingt-quatre heures si on ne l'opère pas. Mais dans une heure on l'opère. Youra est en train de l'escorter à Saint-Pierre. Le docteur Dumont est prévenu. Il l'attend.

Sur la banquette en face de lui, Yaël sourit faiblement. Youra évite de se demander si elle est belle ; dans le fourmillement de son esprit il évite de l'habiller autrement, de lui mettre du Rimmel et du rouge, des escarpins, une jupe, de la faire danser. On n'est pas dans un film, on est juste dans la vie. On est dans Bruxelles ;

l'année : 1943. Presque deux mille ans qu'on compte, depuis le Christ et les Romains, sans perdre une seule année. L'homme est capable de compter. Ça fait partie de ses qualités.

On va descendre au Sablon. On prendra la rue des Minimes, Yaël-Isabelle s'appuiera sur son bras. On entrera dans l'hôpital par-derrière. Le docteur Dumont écrasera sa cigarette. Il fera un signe de tête. La jeune femme changera de bras, ils disparaîtront dans le bâtiment. Youra le terroriste restera dehors. La médecine, ce n'est plus pour lui, plus pour l'instant. D'autres mains inciseront, épongeront l'infection, cautériseront, banderont l'abdomen. Dans quelques jours Yaël retournera au 64, avenue Messidor. Peut-être qu'après la guerre elle gardera le souvenir vague d'un trajet en tram avec un homme au visage flou et comme dilué, mais confiant.

31

Les Juifs possèdent une supériorité sur le monde. Il faut bien l'admettre. Personne ne sait à quoi c'est dû. Les religieux sont persuadés que c'est par la grâce de Dieu : ils constituent le peuple élu par Lui. Mais ce n'est pas ça. C'est dans le sang. Pas au sens médical, mais au sens viscéral. Le sang non pas en tant que fluide, mais en tant qu'identité commune. Il existe des Juifs bêtes, certainement ; il faut les chercher longtemps. Des Juifs prétentieux. Des Juifs ignorants. Mais si on fait la moyenne, ils sont quand même drôlement intelligents, à leur manière. Les antisémites diront que leur manière d'être intelligents est d'être malins, collectivement, ce qui sous-entend que l'intelligence juive recèle quelque chose de roublard, voire de pas toujours bienveillant à l'encontre des autres, des non-Juifs.

Peut-être que c'est à cause de l'Exode, cette intelligence. Que la vie sur les routes leur a appris à faire marcher leur cervelle depuis longtemps. Que les treize tribus d'Israël, au départ, ne possédaient aucune prédisposition intellectuelle. Ni pour les arts, ni pour la technique, ni pour les sciences. Pour rien. La diaspora les aura forgés.

Youra tourne et retourne les idées dans son esprit, les concepts, les théories, pour venir à bout du mystère des Juifs. Mais rien de définitif ne s'impose à lui. Peut-être aussi que c'est un mythe, et qu'ensuite les Juifs ont voulu être à la hauteur du mythe. Que si on lançait l'idée que les roux sont bons en gym et en algèbre, intrinsèquement, ça ferait d'eux, génération après génération, des athlètes et des génies des mathématiques.

Le secret des Juifs, c'est qu'ils savent. Ils savent cette intelligence commune. Ils n'en parlent pas : leur supériorité s'exerce en silence. Ce qui la rend encore plus évidente. Youra aimerait que le mythe s'efface, qu'on remette le compteur à zéro, qu'on laisse les Juifs tranquilles. Mais les Juifs à présent chérissent l'idée, vérifiable partout. C'est un moteur puissant. Lorsqu'il pense à tout cela, Youra s'exclut du groupe. C'est la seule manière sensée, scientifique, d'avancer. Il regarde la vérité en face. Il se demande où disparaît l'innocence, une fois qu'on est juif.

Les nazis, à présent. Il faut comprendre ce qu'ils cherchent. Vers quoi ils avancent, avec quels buts inconscients. Les idées se bousculent. Youra voudrait s'en défaire. Il sait que la lutte avec les idées n'a pas de fin. Il est éveillé sur son lit mais comme prisonnier d'un rêve. Essayer de s'en débarrasser ne fera que le plonger plus profondément dans l'abîme des spéculations spongieuses qui l'attirent et qui l'assèchent. Il voudrait être un partisan. Les partisans agissent. Ils prennent des risques et s'endorment fatigués.

Les nazis pensent que la souffrance des Juifs, leur humiliation collective, guérira le peuple allemand de quelque chose. Mais de quoi ? Les options fusent, partent en ramifications où l'esprit de Youra se dilue. Voyons. Restons précis, concentré. Si les nazis cherchent un miroir dans l'intelligence des Juifs, c'est pour accéder à cette intelligence. Comme le guerrier qui mange le cœur de son ennemi pour incorporer sa force. Je perce ton œil pour mieux voir. Je deviens ce que je détruis. Soit. Les nazis sont sensibles à la symbolique barbare, première, allégorique. Ils sont friands de codes, de parades, de déguisements. La magie est leur loi. Tout part de là. Mais quels nazis ? Youra lit les journaux du Reich, et il existe autant de nazismes que de nazis, les théories qui président à l'Ordre Nouveau ne sont jamais exposées dans la presse avec autant de clarté que les petits faits et gestes du quotidien, les naissances, les décisions, les avancées, les victoires.

Pour la millième fois, Youra repart du début. La théorie des races. Soit. Une pyramide inspirée de Darwin. Au sommet, l'Aryen. Plus on descend les marches, plus le sang est corrompu, plus les profils deviennent laids, voire absurdes, voire abjects, jusqu'au Slave, jusqu'au nègre, jusqu'au Juif. Ensuite viennent les singes. Les oiseaux, les insectes, volants, rampants. Mais l'homme n'a pas eu besoin d'anéantir symboliquement le singe, ni l'oiseau, ni l'insecte pour exister en tant qu'homme. À moins que ? Youra voudrait être avec Saps, avec Robert, pour leur demander quelles civilisations, à quels moments de l'Histoire, ont senti le besoin de détruire pour exister. Toutes peut-être, dans une certaine mesure. On fait la guerre à l'autre tribu. On veut l'anéantir pour se proclamer. Combien de peuples se sont octroyé le nom d'hommes, alors qu'aux membres de la tribu voisine, juste de l'autre côté de la colline, ils donnaient celui de barbares ?

Se peut-il que ce soit si simple ? Les Juifs ne sont pas les voisins des Aryens, ils sont partout et nulle part. C'est ce qui précipite Hitler dans la folie. L'ennemi invisible qui vit parmi nous… Un besoin d'extirper. De purifier. Une mission sacrée, urgente. Nous sommes compromis par le Juif ambiant. Au nom de la race, on zigouille à tour de bras. Les sourds, les homosexuels, les Gitans ; les trop moches, les trop bêtes, les trop lents, ceux qui ont de laides dents. Et puis les corrompus : les Juifs.

À force de lire, en compilant, Youra a complété sa vision, mais en s'approchant du mystère il s'en éloigne en même temps ; tout se brouille. Parce qu'au fond, chacun cuisine le nazisme à sa sauce. Himmler, Goebbels, Göring. Autour de chaque petit chef plein d'impunité, on voit fleurir un bouquet de perversités qui toutes ensemble forment une doctrine puante et vague.

Himmler rêve de se débarrasser des Juifs avec autant d'efficacité qu'il a élevé les poulets ; à grande échelle. En attendant il se déguise, avec quelques amis, en grand prêtre d'un savoir ancestral congelé dans les glaces éternelles du pôle Nord, d'où surgira le Surhomme, avec à la main le marteau de Thor, qu'il brandira. Il se voit d'autant plus Viking et demi-dieu qu'il est petit et insignifiant.

Le gros Göring, lui, se cache dans les forêts de Mazurie pour y empaler les sangliers. Il s'y rend dans son train spécial orné d'œuvres dégénérées qu'il a sauvées du feu sacrificatoire ; son ego a besoin de danger. Dans le parfait petit monde en rondins qu'il s'est créé, le « Grand Veneur du Reich » s'empiffre de tout ce qui est rare, jusqu'à éclater. Les tableaux. Les châteaux. Les animaux. Les femmes de ses officiers. Quand derrière la possession se profile une histoire qui le grandit, alors c'est encore meilleur pour l'obèse.

Goebbels est le plus intelligent de la bande, le plus pervers. Sa laideur à elle seule explique tout. Parfois, Youra le voit comme le protagoniste d'une véritable aventure, un conte cruel, un *M le Maudit* décalé. L'enfant qu'il attire avec ses friandises n'est pas une petite fille blonde, c'est le peuple allemand, qu'il va étouffer entre ses doigts par pur instinct de destruction. Contrefait, malade, Goebbels incarne le prototype de « l'homme trop petit » condamné à haïr le monde, à se venger sur la vie. Il se voit répugnant et compense avec des mots, un discours. Son fantasme est la destruction complète, et avant tout de lui-même. Incapable de supporter cette idée, il retourne sa haine vers ses semblables ; les Juifs ne sont qu'une étape.

L'Allemagne de 1943 est une cour d'école où les vilenies de chaque petit sous-chef ont pu fleurir sous le regard protecteur du roitelet. À côté de ses trois répugnants factotums, Hitler lui-même fait pâle figure. Artiste frustré, certes. Anticapitaliste presque naïf. Jaloux du pouvoir de l'Église. Avec ses airs d'homme de la rue et ses qualités d'orateur, on l'écoute dans les kermesses. Écartelé par les ambitions des trois scélérats, il navigue à vue. Son problème à lui semble sexuel, pense Youra. Il lui faut un outil, un jouet de plus en plus grand pour compenser. Nous sommes ce jouet.

Tous ces petits empereurs du dimanche partagent le besoin d'être entourés d'une cour, d'une clientèle qui se range à leur forme de déviance intime avec une sorte de dévotion ; le but recherché est la protection, une sensation d'impunité, mais surtout d'appartenance.

Ensemble, malgré leurs ambitions dictées par leur névrose propre, ils se sont mis d'accord sur quelques proies qu'on peut partager. Les intellectuels ; les artistes ; les catholiques. Mais surtout les capitalistes. Et les Juifs. Le raisonnement de Hitler est facile à déchiffrer. Il n'est pas fait de raison, de causes, d'effets, il est constitué d'amalgames, d'impressions, de mythes parfois flous mais qu'une foule bien magnétisée peut ressentir comme vrais. Le capital est un diable. Il n'enrichit que les riches. À cause de la spéculation. Du prêt. De l'usurier. Du Juif. Le Juif s'enrichit sur l'abstrait. Comme la sorcière des fables, il hypnotise le bon Allemand avec des *et si*. Le bon Allemand qui ne souhaite qu'un bon enrichissement vrai, cartésien. Le Juif, perverti par sa diabolique intelligence abstraite, est capable de jongler avec des idées. Or, les idées sont l'inverse du travail, du tangible, de la vérité concrète, objective, rassurante, allemande. L'abstrait, aux yeux de Hitler, comporte quelque chose de dégoûtant.

Youra est parfois pris d'une vision, un peu comme dans ses rêves où les aiguilles et les bottes de foin prennent vie jusqu'à remplir tout l'espace. La vision d'un monde futur parfaitement façonné par des décennies de nazisme triomphant. Un monde redevenu pure matérialité. Sous le soleil, tout existe sans commentaire, sans question : les champs sont blonds, les enfants aussi, les rivières coulent, la lumière règne. Il n'y a plus aucune place pour la peur qui mène au doute, à la curiosité, à la question. Pas de mise en perspective. Pas de futur. Un temps permansif, où règne la nature. Le pré. La charrue. Le village. La tribu. Tout a été réduit à sa dimension concrète. Pas de projets. Donc pas de projection, pas de spéculation, d'aide, de prêt pour permettre le changement, les constructions. Un grand bloc d'une vie totalement saine et qui avance sans bouger.

Et puis la vraie image du nazisme se faufile : celle qui contient sa part de ridicule, et donc sa propre mortalité. Les cultes, les déguisements. Les uniformes. Les improbables vérités qu'ils se fabriquent pour sortir de la connaissance commune qui gouverne l'univers. Ils ont même dû quitter les lois de la physique élémentaire, s'inventer un monde sans ciel, un monde de feu et de glace, de géants et de nains, d'aigles et de loups qu'ils ont gravés sur leurs boucles de ceinture, comme des enfants, debout sur des caisses, qui jouent aux guerriers.

32

Il est la terreur des gens. Le Golem qui habite leurs rêves. L'ogre aux vilaines dents, aux grandes mains, à la voix terrible qui fait vibrer les meubles aimés de la maison. Son œil voit, et dès lors il ne sert plus à rien de courir, de se lamenter, d'argumenter, de proposer des billets ni même sa propre fille dont les cuisses sont si douces à l'intérieur.

Il surgit, s'installe entre les chambranles de ton salon. Son regard en dit long : il te tient dans sa paume et ne te lâchera plus pour tout l'or du monde. Il ne vient pas pour l'or, il est en chasse. Depuis sa voiture aux vitres sombres, il regarde vivre le monde, lui qui n'y vit plus.

Une posture, un air, un profil lui suffisent. Pas besoin de paroles, d'accent, de carte d'identité trafiquée, de sexe circoncis, d'un violon dont on jouerait avec une compassion telle qu'on ne peut décidément qu'être juif. Lui, le Gros Jacques, a vu ta façon de marcher, un peu penché sur tes soucis, un peu pressé, avec ton filet à provisions aux trois quarts vide. Il fait un geste, deux grands types en civil sortent de la voiture, ils te suivent à l'intérieur.

Son vrai nom : Icek Glogowski. Le Gros Jacques est juif évidemment. C'est tellement plus amusant. Déjà vu, le laid nazi ventripotent qui vocifère. Lui, c'est un Juif normal, un peu râblé. Même pas abject, avec de la variole aux joues, un boitillement qui annoncerait sa venue aux petits enfants, un crochet à la place de la main. Il parle peu. Frappe parfois pour hâter les choses quand les mères argumentent avec des airs fiers. Il les connaît, leurs airs fiers d'effarouchées bien dans leurs bottes. Il ne frappe qu'une fois. Une gifle terrible qui te met à terre, homme ou femme ; la gifle surgit au milieu de la phrase que tu prononces, avec des mots choisis et des conjonctions de subordination, pour augmenter les chances de succès. Tu ramasses tes lunettes ou ta pince à cheveux sur le sol ami de ta petite cuisine, et tu sais que c'est cuit. Toi et tous les tiens, vous irez rejoindre la troupe des malheureux, là-bas, quelque part où ils les rassemblent.

On raconte qu'en septembre 42 on a raflé sa femme et ses propres enfants. Léon, Michek et Sarah. Ses trois petits. Et depuis il erre. Caché derrière les carreaux de sa voiture, il cherche ceux qui iront les rejoindre incessamment. On dit qu'il a conclu un pacte avec l'ennemi, comme Faust avec le démon. Pas pour une vie éternelle : pour le retour de ses enfants et de leur mère. Si je vous en trouve dix, si je vous en trouve cent, vous me rendrez les miens, n'est-ce pas ? Si je vous en trouve mille ? Le Gros Jacques veut y croire encore. Même s'il n'y croit plus. Chaque jour, les méthodes auxquelles il prête main-forte lui démontrent qu'il n'y a rien à espérer. Mais il cherche encore des enfants qui ressemblent aux siens dans les rues de Bruxelles. Peut-être pas comme monnaie d'échange, quelque chose en lui est au-delà du simple espoir. Il cherche encore des enfants juifs pour les envoyer là-bas et que ses petits soient un peu moins seuls.

Youra et Choura attendent au café d'en face qu'il sorte du restaurant qui chaque midi lui sert de cantine. Deux fois déjà que le Gros Jacques échappe aux efforts combinés de la Résistance. Comme tous les maudits, l'homme attire la chance. Aux courses, on a failli l'avoir. Repéré, encerclé, il était à bout portant de deux tireurs coordonnés qui le coursaient. L'homme filait vers l'arrêt du tram, se savait pris ; un violent mouvement de foule aux sorties de l'hippodrome, et le voici qui monte dans la voiture sans qu'un seul coup puisse être tiré. Il sourit et lève son chapeau pour saluer les partisans restés sur le carreau ; il sait qu'ils ne tireront pas au beau milieu des passants ; le partisan a cette faiblesse chevillée au corps, un talon d'Achille, le respect de la vie et des gens.

Une autre fois, embuscade. Dans une brasserie bien connue, les frères Livchitz jouent le jeu en se rassemblant avec trois copains ; ils arborent tous des traits particulièrement sémites aux yeux de la propagande nazie – l'un d'eux n'est même pas juif mais possède un nez proéminent. On sait que le Gros Jacques promène là ses habitudes : pas dans la brasserie, mais dans la rue ; ses yeux perçants feront le reste. Et de fait. Le Gros Jacques passe sur le trottoir d'en face, comme prévu. Quelques minutes plus tard, par un geste, un complice informe Youra, l'appât, qu'une voiture bien remplie a quitté l'avenue Louise : le Gros Jacques a demandé du renfort pour une arrestation groupée. D'un instant à l'autre il va entrer, ce sera la fusillade, impossible de le manquer, on vengera tous ceux qu'il a pris dans sa nasse pour les livrer, on prolongera la vie de ceux qu'il allait coincer dans l'avenir gras de ses projets. Mais la voiture n'arrive pas. Le Gros Jacques non plus. On apprendra qu'au dernier moment il a trouvé mieux à faire. Toute une famille croisée par hasard dans une rue voisine.

Cette fois-ci c'est la bonne, pensent Choura et Youra derrière leur bière. De l'autre côté de la rue, confiant en sa bonne étoile, le Gros Jacques ferme son paletot et part en promenade. Tous les jours sauf le dimanche, il va manger près de l'université puis descend vers l'abbaye de la Cambre, où il prend l'air sous les marronniers, en marchant d'un bon pas, dix minutes, avant de remonter vers l'avenue Louise, à son quartier général. Voilà quatre fois en une semaine que Choura et Youra le croisent exactement au même endroit, à la même minute ; comme s'il cherchait inconsciemment à leur faciliter la tâche. Lundi et mercredi, Youra était avec Michel. Mardi et jeudi, Choura était avec Luc. On change d'ami, on parle fort, on ressemble aux étudiants qu'on était hier. Aujourd'hui c'est vendredi, le moment de passer à l'action. Deux balles trouveront leur place dans la panse du Gros Jacques. Une troisième dans la tête. Choura a proposé de tirer. Donner la mort à celui qui la mérite ne lui pose plus de problème, ni moralement, ni physiquement. Son bras se lèvera sans trembler, et bonne fin de journée à tous.

Choura n'a plus peur pour son frère. Depuis l'histoire du train, il est arrivé à dépasser les barrières imposées par son inconscient : Youra, le petit frère, Youra, l'intellectuel qu'il faut protéger. Youra qui restera après la guerre avec leur mère, si lui se fait prendre, comme ça risque d'arriver.

Plus grand, mieux bâti, plus âgé, Choura se voit comme la portion sacrifiable de la fratrie. L'intelligence pure, c'est Youra. Le poète, c'est lui. Celui qui risque de manquer au monde. L'irremplaçable enfant prodige. Futur philosophe admiré, Prix Nobel ou simple médecin de quartier, Youra continuera de marquer ses semblables par sa grâce et ses opinions justes. Tandis que lui, Choura, est fait pour l'action, indubitablement. La guerre a confirmé ce qui allait s'opérer en lui : cesser d'être un homme de questions, devenir un homme de terrain, par la force des choses.

Pendant des mois, Choura a lutté contre l'évidence : l'époque exigeait de son frère un engagement similaire. Choura, ingénieur brillant promis à un avenir de cadre dirigeant, avait décidé de changer de crémerie. Ingénieur, c'était *avant*. À l'avenir il serait électricien, un métier manuel, pratique, utile, incarné. Électricien et poseur de bombes ; électricien et partisan. Il avait bien fallu admettre que pour son frère aussi il y aurait désormais un *avant*. La nuit du train avait brouillé les cartes, tout en les rendant plus claires à déchiffrer. Youra avait montré – naïvement – qu'il était prêt pour l'action. Les mots avaient cessé de le décourager, il avait franchi son Rubicon personnel, et à Dieu vat. Tous les camarades étaient passés par là.

Choura aurait préféré que son cadet continue à fréquenter les livres et le 51, le repaire des intellos pleins d'idées grandioses. Mais Youra avait étouffé son intelligence et laissé les actes lui dicter leur loi. Et les voici à présent dans ce café à guetter ensemble le Gros Jacques, qui sort en rotant. Choura aime être avec son frère. Même si l'exercice de la raison prouve que Youra aurait dû rester de l'autre côté, avec leur mère, quelque chose en lui est flatté, excité. Ils vont faire une équipe du tonnerre. Dans trois ou quatre minutes à peine, ils liquideront Jacquot le Collabo sous les marronniers ; il faudra sans doute s'enfuir sur les pavés, à travers les cours majestueuses de l'abbaye, et se cacher sous des porches. Il y a dans la promesse de l'action quelque chose qui dépasse la griserie connue de la nuit et des femmes. Frôler une mort imminente et y échapper – question de chance et de circonstances –, voilà qui donne un goût surpuissant aux instants qui précèdent et à ceux qui suivent.

— Qu'est-ce qu'on attend ? demande Choura en se levant.

— Qu'est-ce qu'on attend pour être heureux ? corrige Youra. Qu'est-ce qu'on attend pour faire la fête ? Je ne sais pas.

Choura sourit. On n'a pas le temps de s'embrasser et de se dire des choses importantes. La vraie vie ne ressemble pas aux films américains où les sourcils se froncent pour affronter le destin. On cherche sa monnaie, et il manque une pièce. La ceinture de son pardessus se prend dans la porte. Du crachin embête les yeux. Le Gros Jacques est là au coin, il va traverser.

Youra et Choura pressent le pas, silhouettes jumelles, l'une à peine plus massive que l'autre. Ils sont venus de Bessarabie il y a des années pour être présents sur ce trottoir bruxellois très précisément aujourd'hui. Comme les Rois mages sont partis du désert et de l'Orient pour rallier une grange de Bethléem, une force mystérieuse les a poussés jusqu'ici.

Le Gros Jacques est entré dans le parc. Youra et Choura marchent vite en devisant. L'aîné fait des gestes comme s'ils se disputaient pour une bêtise – la fausse dispute est une couverture comme une autre si on les observe, si aujourd'hui était jour de malchance, si les Boches avaient remarqué quelque chose dans leur manège, si tout n'était qu'un piège – ce Gros Jacques en proie facile qui se promène seul. Les deux frères entrent dans le parc par l'allée étroite qui serpente et qui descend vers l'abbaye, dont on devine les toits à travers les nouveaux feuillages printaniers.

L'homme est là, à vingt pas d'eux.

— On aurait dû l'aborder par-devant, dit Youra.

Son frère ne répond pas.

— C'était pas une bonne idée de le suivre, insiste Youra.

Mais Choura fait *chuttt*. Il lui lance un regard rapide qui dit : regarde ce qui se passe, ne te laisse pas avoir par la peur, respire. Youra respire. Il assure son pas. Le Gros Jacques avance moins vite. Il n'est plus qu'à une dizaine de mètres. Chacun saisit l'arme au creux de sa poche. Dans trente secondes, tout sera joué. L'homme sera mort, et eux en train de courir à travers les arbres ou dans les allées, jusqu'à sortir du parc et rejoindre un tram, comme convenu.

Le Gros Jacques s'arrête. Il se retourne lentement. Il regarde ceux qui s'avancent vers lui, les deux promeneurs presque jumeaux. Oui, il les regarde, immobile, les mains dans les poches. Ou plutôt, il regarde juste derrière eux. Choura se retourne ; quelque chose en lui a deviné ce qu'il aperçoit alors : un groupe de soldats, quatre, qui descendent par une autre allée. Youra lui touche le bras. Qu'est-ce qu'on fait ?

Un piège. Youra s'en veut. Le temps s'allonge et il a tout le loisir de s'en vouloir. C'est Romanovitch qui lui a donné le tuyau. Celui de la promenade, du rituel quotidien après le restaurant. Mais Youra n'a pas dit à son frère d'où lui venait l'information. Choura aurait voulu vérifier, contre-vérifier, trouver d'autres sources, faire de cette piste quelque chose de *valable*. On aurait perdu des jours, des semaines, le Gros Jacques aurait changé ses habitudes, pris un garde du corps, tout en continuant sa traque et ses prises. Youra regrette. Il aurait dû donner la source. On ne s'improvise pas résistant actif, partisan, soldat. Le Gros Jacques les regarde. Derrière eux, les pas se rapprochent.

33

Les nazis ont construit un camp en Pologne, gigantesque. C'est là que se rendent les trains. Ceux qui en sont revenus ne parlent que si on les interroge, et encore. Ce qu'ils ont vécu là-bas les terrifie ici, les contraint au silence. Statues de sel aux yeux caves, ils se figent comme des automates en panne, et les mots ne sortent pas.

Youra a compilé dans un coin de sa tête tous les morceaux disparates récoltés ici et là, à la radio, dans les revues clandestines, auprès des gens. Des images ont surgi, il y croit. Jospa aussi y croit, et Choura. Mais ils sont pratiquement les seuls. Par un réflexe compréhensible, les autres gens chassent l'idée. Ils se rassurent, même les plus sensés, en prêtant ces fables à la propagande des communistes, prêts à toutes les extrémités pour noircir leurs ennemis.

Dans des usines gigantesques, les hommes et les femmes, séparés, sont amenés comme du bétail, comme des esclaves, au petit matin. On dispose de maigres tas de nourriture autour desquels ils doivent se battre. Pas assez pour tenir la journée. Le soir, on ramasse les corps de ceux qui n'ont pas vécu. Dans ces usines géantes, la matière première est le caoutchouc. On fabrique des objets utiles pour le Reich et ses alliés. Dans certains ateliers cependant, ce n'est pas le caoutchouc qui sert de matière première, c'est de la graisse qui vient de l'autre côté de la petite rivière.

De l'autre côté de la petite rivière on produit cette graisse en amenant à très haute température des êtres humains. Cette matière première là ne provient pas des arbres à caoutchouc, elle est d'origine juive. Les gens entrent avec leurs vêtements et leur monde, et de l'autre côté ressortent de la graisse et de la fumée. On les gaze comme, par précaution, on gazerait un troupeau pestiféré. Leurs cadavres sont portés à plus de 800 degrés dans des fours où ils fondent.

On dirait un mauvais roman futuriste comme on en vend dans les aubettes, avec des couvertures criardes et des femmes à moitié nues. « La planète du bétail humain »... Mais Youra y croit. Il y a là quelque chose de pragmatique qui ressemble aux nazis. Sans parler du symbole. Le Juif est recyclé, après avoir été symboliquement détruit.

D'un côté de la rivière, les jeunes gens jugés aptes à travailler. De l'autre, le rebut : leurs parents, leurs frères, leurs sœurs, leurs enfants. Chaque matin, plusieurs trains entrent en gare. En fonction de la demande et du rendement du jour, on envoie à droite ou à gauche. Les corps sont livrés à la matière première ; ou à l'exploitation de celle-ci.

Certains ont réussi à s'échapper et sont revenus avec l'image de l'usine, des dortoirs, de la balle qu'on te loge dans le cou si tu fais un geste pour couvrir le corps de celui qui travaillait à tes côtés. D'autres ont vu les charniers. Il y a aussi Chama, arrivée à Bruxelles en 37, avec qui Youra a parlé et dont toute la famille habite encore Oswice, la petite ville d'à-côté. Là tout le monde sait. Quand on a bu un verre à la taverne les langues se délient, pas sur les chiffres mais sur la méthode. On plaisante de l'odeur et de la parfaite organisation allemande.

Il y a deux mois, Jospa a rencontré un homme qui s'est montré d'accord pour partir enquêter. Un sociologue belge bien introduit dans les universités d'outre-Rhin, Victor Martin, qui voulait « en avoir le cœur net ». Il a demandé très officiellement, à l'allemande, la permission de visiter les camps de travail de Haute-Silésie. Permission accordée, il est parti le 4 février. Pas de nouvelles. Victor Martin doit être en train de transformer du caoutchouc à l'heure qu'il est. Ou pire.

Youra sait donc très bien où vont les trains.

Il sait que l'homme est un animal extrêmement nocif, pour son environnement, et pour lui-même. Il se divise en factions ennemies et s'attaque ; comme les rats qui se dévorent entre eux, poussés par la faim. Sauf que les hommes ne sont pas poussés par la faim, ils sont poussés par des idées qu'ils se sont fourrées dans la tête.

Une minorité cherche à contrer cette tendance, quelques hommes de bonne volonté affirment qu'on est tous frères, ils se voient rire au nez. Youra aime Nietzsche parce qu'il est le seul à réclamer un peu de vérité : qu'on assume enfin notre appartenance à la vie en ce qu'elle a de terrible. Tout n'est que force. Exister en tant qu'homme réclame de proclamer son existence souveraine en tant qu'animal de vie, de destruction, de digestion, sans grandeur et sans petitesse, sans jugement moral, sans histoires à se raconter pour habiller une réalité qui n'est que naturelle consommation.

L'amusant paradoxe c'est le nazi qui se réclame de ce surhomme sous prétexte que lui aussi détruit ce qui lui donne un vernis de puissance ; il se voit agir au nom de l'affirmation de soi ; il est l'exact contraire, pourtant, du surhomme enfin libre, il a parcouru le chemin inverse, très exactement. Tout pétri de son imposture, le nazi a sacralisé son complexe, sa petitesse. Pour se voir géant, il a fallu qu'il arase tout autour de lui.

En quelques années à peine les verts-de-gris ont échafaudé leur vilaine nouvelle petite religion de faibles. Ont construit une mythologie de carton-pâte faite pour rallier les millions d'esprits malléables vidés par l'ère technique. L'histoire est l'outil le plus puissant à la disposition de l'homme. Bien plus que l'amour, plus que l'argent. Bien agencé, bien utilisé, le récit se fait mythe et déplace les foules, forge les consciences, bâtit les empires.

Youra voit. La grande tribu allemande réunie, reconstruite, s'est mise à croire aux contes de bonne femme : le sang renouvelé, le cœur vivant du continent Europe, la race des vainqueurs. Une autre race de vainqueurs occupait déjà discrètement les lieux : un petit peuple déplacé mais qui se disait élu cependant. Et qui pour certains s'était immiscé aux places de choix : universités, salles de concert, hôpitaux, banques. Il fallait les déloger. Le mythe ne peut s'encombrer de vérités subtiles.

Leur sacrifice servirait de première pierre pour le Reich de Mille Ans.

Il n'y a pas que l'Allemagne : toute l'humanité peut être lue comme une espèce soumise à des concepts abstraits auxquels elle veut croire. Les civilisations sont des constructions bâties sur des fictions savamment choisies, des prophéties qu'il faut réaliser. La conquête. Le progrès. Le règne.

Depuis la nuit du train, Youra se promène beaucoup à vélo, et c'est là que lui viennent toutes ces idées, que le soir il consigne dans son carnet. Sur la première page il a noté « Cahier de guerre », mais c'est en vérité un carnet de pensées. Youra est un mystique, il le sait. C'était écrit, sans doute. Il est le fils de sa mère, né dans un milieu propice à déchiffrer les mystères, friand de sens, et surtout de sens caché. Comme tous les humains. Il est condamné à réfléchir en narration, début, milieu, fin, péripéties ; avec des *gentils* et des *méchants* ; et même des *victoires*. Comme tout le monde.

L'autre jour il est arrivé au sud de la forêt de Soignes en un lieu perdu et magnifique de simplicité. Une clairière oubliée. Est-ce qu'il était à Alsemberg, à Linkebeek ? Une toute petite auberge flamande était posée au milieu des grands arbres, à côté d'un verger, d'une haie d'aubépines, d'une balançoire. Deux vieux cerisiers en fleur avec tous leurs pétales blancs sur leurs branches nues. Et une terrasse au soleil, couverte de tables et de chaises à la peinture verte écaillée, sans personne.

Youra a posé son vélo contre un tronc, précautionneusement, pour ne pas faire peur au décor qui pouvait encore s'évanouir. Il a plongé une main dans sa poche à la rencontre de sa petite monnaie. Il s'est assis au milieu de la terrasse, avec vue sur le bois, le chemin et la porte ouverte du long bâtiment trapu, chaulé, couvert de tuiles orange, comme à la mer. Une jeune fille est apparue. Youra avait envie de rire. De lui dire que là-bas, c'était la guerre, oui, la guerre avait été déclarée à l'Allemagne par la France suite à l'invasion de la Pologne, vous vous rendez compte ? Mais il a craint d'effaroucher la jeune et jolie Flamande blonde et hâlée qui lui montrait toutes ses belles dents blanches et sa santé.

Il s'est demandé à haute voix ce qu'il choisirait de bon. Mais comme un accent allemand pointait dans son flamand – une fatalité –, il est passé au français. Mieux vaut être pris pour un touriste que pour un Boche. Le sourire est revenu au visage de la fille, sa large poitrine s'est gonflée d'air et elle a ri, pour la confiance que ça donne. Elle a parlé de tartines au pâté et de tartines au plattekeis ; elle disait « tartine » en français. Les joues de la fille tournaient au rouge parce que le beau jeune homme à vélo ne parvenait pas à se décider, mais Youra voulait vraiment tout savoir, le jus de pommes, la bière locale, les tartes au sucre remplacées par les tartes au riz, faute de sucre.

En contemplant les arbres aux feuilles nouvelles, Youra se laisse traverser par ce poème de Rimbaud ; il arrive à Charleroi, et une jeune serveuse lui apporte, à lui aussi, des tartines. Des bribes du poème lui remontent à la conscience et aux papilles, un cabaret vert, les pieds sous la table, les seins de la fille qui rit trop, et le rose du jambon. Youra a commandé du fromage blanc finalement, sans doute qu'il y aura des radis servis dans un bol en grès avec un peu d'eau dans le fond, résidu du lavage. Il croquera les radis, et s'il n'y en a pas, il les aura au moins imaginés ; les radis, et lui-même croquant la chair qui claque sous la dent et cède dans un goût de fraîche amertume.

Ces minutes qui prennent place avec cœur dans cette clairière, Youra les adresse à ses amis théosophes, à sa mère, à Marcel. Entrer dans le présent, sentir vibrer chaque instant de vie, oublier le compte, les secondes, les noms, les étiquettes, vivre toute chose pour ce qu'elle est, et non pour ce qu'elle procure, représente, conditionne... Voilà, en peu de mots, la voie qu'on lui montre depuis qu'il est petit. La voie de la sagesse ? Du bonheur ? De bien grands mots qu'on ne prononce pas, au risque de faire disparaître la fragile vérité. Vivre le présent. Les mots sonnent faux, naïf. C'est pourtant ce que Youra s'applique à faire ; il traque dans les instants qui s'offrent des reflets de bonheur, il les regarde. Il ne sert à rien de vouloir les mettre dans sa poche pour plus tard, comme les vaches qui stockent l'herbe et la rumineront à leur aise, le présent ne se vit qu'une fois.

La jeune fille parle à l'intérieur, et elle est retrouvée. Quoi ? L'éternité. Ce n'est pas la mer mêlée au soleil, c'est l'odeur de terre qui monte entre les arbres, ce sont ces flaques de lumière mouvante, ces branches silencieuses, le vélo qui se repose, c'est la fille timide et le plateau qu'elle brandira, la présence des radis, leur absence. Youra quitte la contingence du récit qui coordonne toute pensée moderne, occidentale, et se laisse happer par la douce permanence où il pénètre et rayonne. Il glisse et existe partout, présent dans chaque recoin de la clairière, le chemin par où il est venu, celui par où il repartira, chaque chaise ; il entre dans la maison, contre la fraîcheur du sol en tommettes, et même dans le chant de la jeune fille qui fredonne, il frôle ses dents si belles, pénètre son désir de bien faire.

Youra sait que le monde des pensées va le rattraper tôt ou tard, le contraindre à une continuité ; ce sera le retour intempestif de la cavalcade des mots, des étapes, d'un récit formulé. Il va quitter cet espace sans nom où le précipitent parfois si bien la poésie, le sommeil, l'amour ; il va rejoindre comme dans une chute la réalité humaine où le passé et le futur se disputent le cortex en farandoles infinies. L'esprit doit tricoter un fil. C'est une malédiction. Nous enfilons les faits comme des perles sur un collier, et les choses prennent un sens étroit, racontable. Incapables d'attendre sereinement tous les possibles, nous formulons le futur par des faits qui s'enchaînent, se poussant l'un l'autre dans une ribambelle qui pourrait faire songer aux aveugles de Bruegel.

Ça y est. Un bruit ramène Youra à la présence. Rien ne sert de lutter, il faut assumer son appartenance à l'espèce ; et d'ailleurs il a faim et son œil cherche à deviner le plateau, là-bas dans la pénombre. La jeune fille apparaît avec ses avant-bras saillants, ses mollets aussi puissants que dodus, ses lèvres pincées par l'effort, une petite mèche blonde plaquée sur sa tempe humide, et Youra aimerait renouveler l'espèce avec elle. Dès qu'il aura dévoré sa tartine au fromage

– littéralement recouverte de tranches roses et blanches, irisées, de triomphants radis –, il la prendra par la main et l'entraînera là-bas, à l'ombre des grands arbres, pour lui raconter à sa manière les débuts de l'humanité.

34

Youra et Choura fument. Le Gros Jacques leur a échappé. Et eux ils ont échappé aux soldats. Le collabo n'a même pas crié qu'on leur coure après ; pourtant il avait compris. Les frères ont continué leur route sous le regard goguenard du vilain bonhomme, qui leur souriait comme s'il enregistrait leurs visages dans sa mémoire. Ce sera pour une prochaine fois. La prudence veut qu'on laisse passer du temps, le Gros Jacques sera sur ses gardes au moins quelques semaines. Il va se faire adjoindre du renfort et continuer.

Ce soir, il règne sur Bruxelles comme une tendresse. Le ciel est mauve. Youra et Choura fument dans la courette de cette maison où ils vont dormir quelques jours. Rue Saint-Christophe. Une maison anonyme qui sert d'entrepôt à un fabricant de chemises. Ils pourraient les enfiler toutes, ces chemises qui seront un jour portées par des milliers d'hommes ; ça ferait d'eux des milliers d'hommes. Ils iraient par les rues en disant : Je ne suis pas qui vous croyez ; l'habit fait le moine ; je suis l'homme de la rue, laissez-moi tranquille. Au lieu de cela, ils fument avec application dans la petite cour sous ce ciel bizarre, trop chaud pour la saison. Plus tard ils se feront des matelas avec les chemises empaquetées, puis des couvertures de chemises déployées, et comme oreillers, des chemises. Si c'était possible ils en mangeraient.

Dans la courette, on s'allume une nouvelle cigarette.

— Tu sais ce qui serait vraiment marrant ? demande Youra.

— Une bombe atomique sur Berlin ?

— Non, je me disais : il faudrait pouvoir entrer avenue Louise sous un prétexte quelconque et tout nettoyer. De l'intérieur.

Choura sourit.

— Entrer bien chargés tu veux dire ? Genre prohibition. Tatatatatata ! À tous les étages, bien propre ?

Youra réfléchit.

— Impossible de rentrer avec une arme, je sais. Il faudrait en piquer une sur place. Ou alors en cacher une dans un endroit précis.

— Genre cheval de Troie ?

Youra opine.

— Ensuite, tu arrives les mains dans les poches : Je viens demander une faveur, Monsieur l'Officier... Ou mieux : Je viens vous parler de mon voisin, Moshé Israël. Là, tu mimes un besoin pressant, et aux toilettes, dans la grande armoire au milieu du papier-cul, tu te saisis du pistolet-mitrailleur qui t'attend sagement et tu deviens l'Ange exterminateur.

— Abaddôn, tout droit sorti de l'abîme.

— Ça ferait un bon nom de code. Mission Abaddôn.

Choura tire sur sa cigarette.

— Abandon, plutôt. Mission Abandon. *Abort, abort !*

— Non, tu sais ce qu'il faudrait ?

— Oui : une bombe atomique sur Berlin.

— Ce qu'il faudrait c'est l'hypnose à grande échelle. Tu approches un Boche. Tu deviens son ami sous un prétexte quelconque.

Choura ne voit pas.

— Un prétexte ?

— Dans un café… Tu lui paies une bière, puis deux.

— Mettons.

— Et là, tel le mage Magnifix, tu le regardes dans les yeux, tu lui prononces quelques phrases à l'oreille, et il t'écoute, et soudain *il voit*.

— Il voit clair ?

— Il voit clair. Tu insuffles en lui la vérité meurtrière.

— … qui l'habite déjà.

— Oui, mais tu l'inverses. Tu lui fais entendre raison en t'adressant à son cerveau primitif. Reptilien. Il rentre avenue Louise le lendemain, dans son petit uniforme. Il monte au sixième étage, et là il fait tous les bureaux un à un, sans états d'âme, sans broncher, proprement.

Choura sourit.

— À l'allemande.

— Les secrétaires, les aides de camp, les petits assistants zélés, les gros gradés.

— Kurt Asche.

— Non, pas Kurt Asche. Ce *serait* Kurt Asche, justement.

Choura est dubitatif.

— Je ne sais pas s'il va beaucoup dans les cafés, Kurt Asche. Pas mal dans les bordels, je me suis laissé dire.

Ton plan pourrait marcher, si tu étais une pute. Une pute hypnotiste, bien entendu.

Youra tire profondément sur son mégot jusqu'à se brûler la langue. C'est Choura qui conclut.

— Mission : Catin du Diable.

Youra lève un œil sur son frère.

— J'aime bien.

35

Un grand échalas qui crie sur ses chiens. De l'autre côté du grillage qui entoure toute la décharge, c'est ce qui attire l'attention de Kurt Asche : un grand type qui engueule ses chiens. L'Allemand hésite à salir ses bottines dans les allées de boue entre les reliquats de civilisation. Trois camionnettes « Buvez du lait ! » qui coulent dans un sol acide. Une pyramide de radiateurs dont suinte une mélasse orange. Deux milliards de tonnes de tuyaux de plomb amalgamés par la rouille et qu'aucune force ne pourrait plus dessouder.

Kurt se décide. Puisque l'homme s'obstine à snober sa digne silhouette, à ne pas le rejoindre au portail comme le voudrait la politesse, il lui faut prendre les devants. Il est tout à ses chiens, l'homme ; l'un des deux s'est réfugié sous une bassine défoncée, on ne distingue plus que sa queue noire et soumise. D'un pas de monarque, Kurt emprunte l'allée de planches. Soudain, l'homme le voit et se fige dans une stupeur contrariée. Il plisse les yeux et montre les dents, des chicots, de la gencive, un tabac gluant. Kurt s'est arrêté en équilibre au milieu d'une poutre mal dégrossie ; il attend. Romanovitch le rejoint enfin en ronchonnant. Il n'aime pas être dérangé au milieu de sa journée de travail, dans son antre de métal ; ici il règne en maître et se repose enfin de ses combines et de ses avatars.

Ce qui énerve prodigieusement Kurt, c'est qu'à la décharge, Romanovitch reste dans son personnage de Gitan arriéré, illettré, taciturne. Il ne répond que par monosyllabes, sans lever les yeux. Mais Kurt devait lui parler d'urgence. Il est en pourparlers avec un riche Juif d'Anvers, et il a besoin que Romanovitch se rende chez lui de toute urgence pour voir si tout ce qu'on lui dit est bien vrai. Les clés de l'appartement du 56 Paardenmarkt attendent sagement dans sa poche : il faut les lui remettre, et que dès ce soir Romanovitch visite l'appartement, après avoir déjoué les éventuelles questions de la concierge et fait taire les voisins.

M. Biebelbaum prétend qu'il possède là des tableaux de prix, laissés au mur pour le jour du Grand Retour. Un Chagall et un Matisse, excusez du peu. Et même un troisième, dont Kurt Asche n'a pas retenu le nom. Mais Romanovitch saura. Romanovitch sait tout, pour peu qu'un prix à cinq chiffres – ou plus – puisse être attaché à l'objet en question.

Kurt a déjà reçu 25 000 francs de M. Biebelbaum dans une belle enveloppe apportée par un inconnu qu'il n'a pas interpellé, de peur de tuer la poule aux œufs d'or. Mais malgré l'enveloppe et les belles promesses, M. Biebelbaum et sa petite famille sont malencontreusement restés à Malines, qui commence à se remplir comme un vivier trop petit pour des poissons trop nombreux. On a laissé M. Biebelbaum se demander toute une semaine pourquoi son bon argent ne faisait pas son office sous la forme de la libération promise, ou du moins d'un signe encourageant. Et puis on lui a fait savoir par l'intermédiaire de Karl, le plénipotentiaire de Kurt au camp, qu'on n'était pas contre un nouveau présent. Une nouvelle enveloppe. Ou un diamant chié d'urgence dans une main tremblante. Que sais-je. Et c'était l'art qui avait parlé, par l'intermédiaire de Karl Mainzhausen, l'officier responsable de l'approvisionnement, mais tellement utile à tellement d'autres choses. C'était Karl qui lui avait trouvé Hélène, rue du Berger, la petite pute juive qui ressemblait si peu à une pute, en 41. Il y a mille ans.

Si le vieux a dit vrai, Kurt fera d'une pierre deux coups : des tableaux de maîtres en plus des 25 000 francs. Et de tout ce que l'imagination de M. Biebelbaum sera encore capable de concevoir en termes de rétribution, depuis les murs de sa prison et avant son inévitable voyage. Ce qui contrarie Kurt, en équilibre instable sur sa poutre au milieu des flaques irisées d'essence et gorgées de métaux lourds, c'est que Romanovitch n'est qu'un fieffé brigand. Pas de place chez lui pour la parole vraie, pour la transparence, pour l'honneur. Il est capable d'affirmer n'avoir trouvé aucun tableau aux murs des Biebelbaum. Rien. Une ou deux gravures sans valeur : des vues avec des moulins, des portraits hideux d'ancêtres débiles. Or, Kurt n'a personne à dépêcher pour escorter Pierre Romanovitch dans sa mission du soir, et de toute façon, le Comte n'agit jamais qu'en solitaire. Kurt est donc venu pour le regarder dans le blanc des yeux, lui faire comprendre qu'il faut se montrer d'humeur partageuse.

Subtilement rappeler au hasard de la conversation que c'est lui, l'Obersturmführer Kurt Asche en personne, qui a fait libérer un certain citoyen Romanovitch de la prison de Saint-Gilles, pas plus tard que le mois dernier. Et pour la septième fois, rien que pour les années 42 et 43… Ce à quoi Romanovitch va encore rétorquer qu'on n'a rien sans rien, et que s'il s'est fait prendre, c'est en multipliant les « missions » au profit d'un certain Obersturmführer, précisément.

Sauf que Romanovitch ne dit rien. Son rôle de ferrailleur le rend muet, chafouin. Et c'est avec ce bougre qu'il va falloir traiter un Matisse, un Chagall et un Je-ne-sais-trop-quoi ? Kurt soupire. Pourvu que le drôle ne lui propose rien à boire. Il serait obligé d'accepter un coup de gnôle au goulot, ou pire, une chicorée trop amère, servie dans un verre rendu opaque par la crasse et les bouches.

Vingt minutes plus tard, c'est affublé d'une chaussure noire et d'une chaussure marron que Kurt Asche remonte dans la voiture qui l'attend le long du canal. Il a glissé et ne s'est repris qu'en agrippant son interlocuteur par les revers de sa veste, dans un geste de bonne femme. Il a eu le temps de lire tout le mépris dans l'œil du Comte, qui le remettait d'aplomb comme une statue sans socle.

À présent il contemple cette chaussure au cuir immaculé, et l'autre comme panée d'un mélange de boue et de merde. Littéralement indécrottable, sinon par un *butler* anglais patenté, et au bout d'une heure de labeur. Il n'a plus qu'à rentrer. Il aura toute la route pour jongler avec des *si*. Si Biebelbaum a dit vrai… Si les tableaux n'ont pas été piqués par une bonne, un concierge, un voisin… Si Romanovitch trouve bien tout en place. S'il ne ment pas. S'il se sent d'humeur partageuse, dans l'espoir d'autres futurs gains. S'il trouve un acheteur. Alors… Le petit chalet avec vue à trois cent soixante degrés sur les sommets et les eaux miroitantes du Wolfgangsee prend chair derrière les yeux fermés de Kurt Asche. Une jolie Louise ou une jolie Hilde se tient devant la maison en serrant son châle, elle sourit et fait signe de la main à son Kurtsche qui lui revient.

36

Pierre s'est servi un verre d'armagnac « sans âge », c'est ce qui était écrit sur la bouteille. Assis au petit salon, il médite, en compagnie de son nouvel ami, un marchand hollandais des années 1650. Il a laissé le Chagall dans le hall avec le Matisse. Aucun des deux tableaux ne lui fait le moindre effet. Le Chagall est une sorte de niaiserie avec deux fiancés bleus et des étoiles. Rigoureusement aucun intérêt, sauf peut-être pour décorer la chambre d'une riche petite sotte. Le Matisse lui aussi semble vrai, mais sans âme, sans relief, sans personnalité : une femme et sa fille assises à table à peler des fruits comme deux connes. Dans les tons roses. Il en tirera sûrement quelque chose. Mais quoi ? Combien ? À qui refiler la camelote ? Cette satanée guerre pèse sur les mentalités ; les gens ne méritent même plus qu'on leur propose d'authentiques œuvres rares. Ils préfèrent nourrir leur estomac avec du pain que leurs âmes avec des toiles de maîtres, et pourtant elles en ont grand besoin, leurs âmes.

Pierre a également trouvé un petit pointilliste : un coucher de soleil dans une crique qui invite à ouvrir une bouteille de blanc, à bord d'un voilier, éventuellement. Et puis, dans un coin sombre, il y avait cette merveille : le couple de bourgeois bien mis, école hollandaise, XVIIe. Ces deux-là, Pierre les a immédiatement adoptés. De sacrés brigands, sous leurs airs de puritains du dimanche. Lui, l'œil fier, pétillant, tout imprégné de réussite et de la malice qui va avec. Et elle… Elle, la garce jouisseuse enfermée dans sa robe noire et sa rigoureuse collerette de dentelle qui ne trompe personne. Sûrement une fellatrice hors pair, avec sa bouche comme une cerise. On la croirait sortie d'un Caravage – Caravage qui aimait prendre comme modèles pour ses madones des putes qu'il venait de faire jouir. Mais ne soyons pas vulgaires. Madame ne mérite pas ça. Elle se place au-dessus de toute vulgarité, avec ses yeux sombres et ses sourcils légèrement froncés. Quelque chose la trouble, l'indispose, et c'est sûrement ce peintre qui s'est invité dans son intimité pour faire son portrait. Il lui a collé, ce peintre, une tache de lumière sur la lèvre supérieure, ce qui l'humidifie et la gonfle malgré elle. Le jour où elle a découvert la toile, cette tache a dû la rendre malade tout en la comblant d'un bonheur secret. Et puis les années ont passé, la femme s'est étiolée, le portrait est resté. Elle s'est mise à le vénérer tout en le détestant, témoin muet des grandes années où elle pouvait prétendre à la beauté, à la santé, à la maternité, au pouvoir.

Quand Youra arrivera, Pierre l'installera et lui servira un verre de ce *sans âge*. Il lui demandera ce qu'il pense des tableaux, et s'il connaît un acheteur dans son entourage. Ce serait cocasse : vendre à un Juif condamné les derniers reliefs d'un autre Juif condamné. Car il y a encore des Juifs pour acheter. Acheter tient le malheur à distance, te fait croire que tu peux encore rêver. Comme ces vieux riches qui se tapent des jeunes filles. Ce n'est pas tellement pour le plaisir de se sentir jeunes avec elles ; pas non plus pour celui de les salir ; c'est pour les faire frémir en leur montrant qu'on voit en elles tout ce que leurs pères n'ont pas vu. Aimer les jeunes, pour les vieux, c'est leur dire *je suis ton père, je te vois*. Acheter des œuvres c'est pareil, acheter c'est voir ; acheter c'est vivre. Plus tu paies, plus ça te donne le droit de t'en imprégner, de te rouler profondément dans ce que tu as capté avec ton argent.

Youra sera dégoûté de le voir là, à boire dans les verres des déportés ; il ne le montrera pas. La fréquentation de Pierre a beaucoup à lui apporter, et ça aussi, le Comte en jouit d'avance. Tiens, il pourrait lui montrer les chiens. Tout à l'heure, Pierre est descendu au jardin. En quinze jours d'occupation des lieux, il n'y avait pas encore mis les pieds. Et là, dans le fond, derrière les hortensias, un chenil. Deux grands chiens, des bergers, raides, les babines retroussées. Les pattes longues et droites comme des jouets en bois, morts d'un coup sec. Dans leur fuite les propriétaires, des gens bien, ont pris la peine d'empoisonner les chiens pour ne pas qu'ils meurent de faim. Pierre est resté longtemps à les contempler. Ils auraient pu être les amis de Castor et Pollux, les deux malinois qui gardent le chantier. Oui, il amènera Youra regarder les chiens, ça leur fera du bien ; c'est toujours revigorant de voir des choses mortes en fin de journée, avant un bon verre.

Youra Livchitz est un drôle de coco, se dit Romanovitch. Une sorte de Malka au masculin. S'il était de la jaquette, sans doute qu'il essaierait de se le taper. Un homme séduisant, intelligent, cultivé mais sans étalage. Juif, mais avec surtout les avantages de sa race. Pas à te juger, te jauger, te plaindre sans cesse de n'appartenir qu'au reste de l'humanité. Il ne peut pas vampiriser Youra et en faire sa chose alors, pour compenser, il va lui montrer les chiens, lui servir un verre, exhiber les tableaux et l'intérieur cossu de ses semblables raflés et envoyés à l'Est.

Le plus agréable, quand il passe du temps avec Youra, c'est tout ce qu'il peut sous-entendre. Youra possède l'intelligence du silence : plus besoin de partager avec des mots et des phrases, les non-dits font le travail, ils se baladent entre l'un et l'autre avec grâce. Quand il lui montrera sa Hollandaise de vingt-cinq ans, dans sa robe noire, avec son air de deux airs, Youra saura tout de suite ce qui lui a plu dans le tableau. Le fait que ces gens vivaient dans un pays austère mais prospère ; l'œil pétillant et libre de cette femme corsetée, particulièrement excitant.

Sous les ongles de Pierre il reste du noir, c'est celui de Pietje Scramouille, son alter ego de la décharge, du chantier. Il n'en est pas venu à bout ; la graisse noire s'incruste et il faut l'usure des jours pour s'en défaire. Quand ce pou de Kurt Asche est apparu derrière le grillage, il a eu envie de l'étrangler. Il lui aurait collé une barre de fer sur la glotte et l'aurait poussé sur un tas d'autres barres de fer complaisantes. Les petites mains potelées de l'ancien droguiste se seraient agrippées au métal pour se dégager, mais rien ne peut entraver Pietje Scramouille quand il est dans son domaine, avec ses chiens et sa tranquillité. Pietje est le premier des doubles que Pierre s'est forgés. Avant même que le Comte ne voie le jour. C'était en 35. Il avait accepté de venir en aide au vieux ferrailleur. Puis le vieux était mort sans faire de vagues, et lui avait hérité de ce lieu maudit en bordure de canal. Il s'y sentait bien. Une fois par semaine, une barge s'arrêtait et il laissait partir un peu de mitraille destiné à l'Allemagne, qui en avait grand besoin pour ses usines. Et pour ses chars, mais ça on ne l'a su qu'après.

Pietje est respecté aux alentours du canal, par les bateliers, les éclusiers et les miséreux qui traînent et lapent de l'alcool à brûler dans des pots en terre. Il faudrait présenter Pietje à Youra et à Malka un soir, voir ce que ça donnerait. Pietje les emmènerait sûrement boire des trucs improbables dans des caberdouches aux odeurs de tonneau vide, de bière et de graisse, toute la nuit.

La sonnette annonce l'invité. Pierre décide d'aller ouvrir lui-même ; il a donné congé aux domestiques, comme il le confie en refermant la porte. Une minute plus tard, Youra est assis les jambes croisées, très exactement comme il se l'était imaginé.

— Ils sont nuls, ces tableaux. Tu les trouves nuls…

Youra s'en imprègne ; les tableaux occupent les fauteuils autour d'eux, comme des invités.

— Non. Mais non. Ils viennent d'où ? Ils ne sont pas nuls.

— Si. Tu vas les trouver nuls, assure le Comte. Je vais t'expliquer quand et avec qui. Et puis en échange, moi je vais te procurer des armes. Pour toi et tes copains de l'université ; pour faire des coups.

Youra contemple Romanovitch sans broncher.

— Il paraît que ça va chier ? demande Pierre. Que vous allez casser du Boche à grande échelle. C'est la guerre totale, vous allez tout reconquérir jusqu'au Danube, avec vos petits bras ?

Youra reprend une gorgée d'armagnac ; il ne répond pas.

— Mais si, reprend Pierre. Les Américains ont qu'à s'occuper des Jaunes, vous c'est les Boches. Avec ce que je vais vous filer, ce sera facile. Enfin, ce que je vais vous filer *si et seulement si* tu témoignes en haut lieu que tu as analysé, que tu as ausculté, et que tu n'as jamais vu, de toute ta vie de connaisseur, des croûtes pareilles, vraiment dégoûtantes, peintes à la truelle par un faussaire cul-de-jatte pendant ses temps libres. Et même pas signées.

— Manchot. Un faussaire manchot. Tu as dit cul-de-jatte.

Youra réfléchit.

— Tu sais, quand tu as parlé d'un coup de main, l'autre jour, je pensais à tout autre chose.

— Ah mais *c'était* tout autre chose, assure le Comte. Je n'avais même pas encore eu cette idée. Voilà que ces petits chéris me sont tombés dessus aujourd'hui même.

Les deux hommes sont prisonniers des œuvres, et du digestif.

— Et pour Monsieur et Madame on fait quoi ? demande Youra. Monsieur et Madame qui ont fait fortune à Leyde il y a trois cents ans, tu aimerais aussi que je témoigne ?

— Non, Monsieur et Madame n'ont rien à voir. Tu les laisses bien en dehors de tout ça. Monsieur et Madame sont mes amis. Mes chers amis. Je savais que tu les aimerais.

Romanovitch se lève.

— Viens, je vais te montrer un truc.

Youra le regarde passer.

— Un Picasso ? Un Mondrian ?

— Non, une nature morte, au chenil. Allez, viens.

37

Quand Youra pédale, les idées décantent en lui et la vérité lui apparaît sous la forme d'un puzzle coloré, sensé ; les actes à poser, les questions et les réponses. Le vent dans ses cheveux possède le pouvoir de cristalliser le magma et de le rendre symétrique et vivant comme du Bach.

Il a croisé Régine. Il n'a pas osé lui parler de Malines, pourtant il avait entendu dire qu'elle était là-bas. Le monde se divise en deux : ceux qui vivent encore dans Bruxelles – dans les greniers et les caves, mais dans Bruxelles – et ceux que Malines a aspirés. Régine semble avoir été recrachée.

Youra et elle se connaissent. Autrefois, ils ont même eu un enfant ensemble. Enfin, presque… C'était en 42, il était pratiquement diplômé, elle déjà sage-femme. À Saint-Pierre, ce jour-là, une urgence les avait réunis, une naissance complexe, avec le petit qui reste trop longtemps coincé dans le col, forceps, cris. Le soir, le médecin de garde avait fait cette allusion à « leur petit », et c'était resté. Quand on se croisait, on se demandait des nouvelles.

Aujourd'hui, devant la Maison du Cigare, ils se sont racontés sans rien se dire. Youra avait envie de savoir : tu étais dans le train ? Est-ce que tu as sauté du train, Régine ? Ça lui brûlait de lui dire : Tu sais j'étais dans les bois, cette nuit-là, avec deux amis et une lampe-tempête, j'y étais aussi. Mais il ne fallait rien dire, sous peine de passer pour un amateur et un imbécile. Un vantard que son manque de réserve allait précipiter vers l'ennemi et la mort. Alors il lui a fait des compliments sur sa bonne mine. Régine a souri. Elle a dit qu'elle se tenait en forme avec un peu de gymnastique. C'était au tour de Youra de sourire. La gymnastique, c'est important. Il ne faut pas en faire trop cependant. Régine le regardait bien en face, avec son regard d'oiseau intelligent.

Youra avait des images devant les yeux qui se superposaient au visage très pâle de Régine : le corps de Régine soumis à rude épreuve dans les couloirs sombres de la caserne Dossin de Saint-Georges, à Malines. Un mélange de vraie vie et de gymnastique. Les gestes répétés. Courir vite. Sauter haut. Échapper à l'appétit des gardes.

Elle le ramène à lui en confiant qu'elle pratique son allemand. *So oft wie möglich*. Le plus souvent possible. Régine lui offre un large sourire. Cette activité la rend heureuse, dirait-on. Sidéré, Youra comprend qu'elle a poursuivi son action avec ses amis du Front autrichien. Grâce à leur allemand impeccable, leur allemand intelligent, leur accent des bonnes classes de la société, ils abordent les soldats qui avancent seuls. Sous prétexte de chemin perdu, d'information urgente, Régine leur parle et plaisante, les amène dans un coin ; elle voit les yeux des Hans et des Jan et des Gunther s'agrandir en découvrant un civil enfin heureux de leur parler, une jeune femme qui plus est, une infirmière. La langue de Goethe fait son œuvre, avec sa force persuasive, ses mots choisis, habilement construits ou parfaitement déclinés.

Youra l'imagine sous les porches, aux arrêts de tram, dans les contre-allées. Souvent, le dialogue se referme en même temps que se froncent les sourcils des soldats. Ça veut dire que Régine va trop vite. Qu'elle doit d'abord leur donner un rendez-vous quelconque, laisser reposer ; faire couler sur leur cuirasse vert-de-gris le filet clair de la raison, de la vie, le laisser courir jusqu'à ce qu'il trouve une faille où s'insinuer. Mais Régine n'a pas le temps. Les morts s'amoncellent, partout en Europe, par milliers, dizaines de milliers, des piles de morts inutiles, comme une épidémie de mort, exponentielle. Alors elle continue de parler, d'appeler à la raison, à l'amour, au bon sens. Le mot *liberté* n'est pas prononcé, le mot *désertion* non plus, mais il est là, bien vivant, sur les lèvres de Régine, et les yeux des jeunes soldats se braquent sur ces lèvres, puis se détournent avec dégoût. Ils reprennent leur marche vers leur destination en se demandant si les voilà compromis. Peut-on être souillé par les quelques phrases d'une infirmière, prononcées dans un allemand magnifique comme on en entendait autrefois le dimanche soir à la radio nationale ?

Youra pense à sa mère. Elle serait capable de faire ça, exactement ça. Il la voit, plus jeune, dans les rues du centre, à aborder des inconnus armés avec un air d'ingénue. Non pas petite et musclée comme Régine : grande et aérienne, mais avec la même espérance dans le regard. La même foi absurde en l'humanité. Comment en arrive-t-on à l'improbable conclusion qu'il faut agir au cas par cas ? Prendre le plus petit commun dénominateur de l'action allemande : son soldat. Aller à lui, convoquer sa part d'humanité en pleine rue, en pleine guerre. À ces hommes que des semaines de franche camaraderie, puis d'exactions multiples, ont soudés entre eux dans l'intimité de leur foi, inextricablement ? Quelle pureté doit être celle de Régine, celle de Saps, pour s'avancer, les mains ouvertes, vers l'ennemi… Saint François marchait comme le Christ vers ceux qui le détestaient, et ceux-là mêmes devenaient ses amis. Youra ne croit pas à ces thèses où l'amour peut tout. À la question *l'homme est-il bon* ? il n'apporte pas la même réponse que Régine ni que sa mère.

Youra pédale vers le 51. Régine lui a octroyé une double injection : en surface, c'est la vie et l'espoir, la croyance, le vœu pieux d'une nécessaire signification, d'un sens qu'on peut donner aux choses ; la différence entre eux et nous, entre le mal et le bien. Son visage de Jeanne d'Arc, comme une fraîcheur passagère.

Mais au fond croiser Régine l'a abattu. Cette naïveté… Une naïveté qui ne voit pas la vérité nue du schéma entier. Une candeur idéaliste qui l'énerve pour la simple raison qu'il en est pétri lui aussi, et qu'il ne le sait que trop. Il a beau se proclamer nietzschéen pour prendre de la hauteur et moins souffrir, une part importante de son cœur se doit de battre à l'unisson de ses frères humains. Nous sommes des amas d'atomes en mutation, certes ; actionnés par une seule force, celle de la vie, de la perpétuation, de l'agrandissement et de la consommation. Mais à côté de la raison existe l'émotion, existe le destin contrarié qui trouve un exutoire, existent aussi ces contes qui nous bouleversent jusqu'à la moelle quand ils sont bien contés, et il suffirait d'un homme, un soldat, un Hans dont le regard se trouble à l'arrêt de tram à cause d'un mot prononcé par Régine, pour que toute la suprême rigueur de l'univers en marche s'écaille et fasse place à la toute petite splendeur humaine.

Mais en attendant, Régine semble folle. Ridicule, avec son immense imbécillité émerveillée. Elle avance le front haut vers une fin annoncée, qui ne pèse que du poids du symbole. Elle se situe très exactement à la croisée des chemins, entre le crétinisme et le sublime. Peut-être que c'est ce qui sauve, se dit Youra. Peut-être que ce sont eux qui ont raison : les engagés. Les inscrits, les fidèles, les convaincus. Ceux qui appartiennent à un groupuscule, tout imprégnés d'une certitude quasi religieuse. Le Corps mobile des partisans (et sa Compagnie juive), les Partisans armés, les membres du Comité de défense des Juifs (*via* sa Commission d'action spéciale), les membres du Parti ouvrier sioniste de gauche, et puis ceux proches de Radio Moscou. Sans oublier les Partisans hongrois du Corps mobile. Ni les Autrichiens si chers à Régine. À l'université déjà, ça grouillait, ça s'invectivait entre ceux qui entendaient sauver le monde grâce à la prise de conscience de telle sous-couche du prolétariat, et ceux qui misaient tout sur une autre sous-couche, certes proche, mais distincte. On écrivait, on publiait, on manifestait. On condamnait au pilori les imbéciles qui voulaient réunir les sous-couches ennemies : ceux-là étaient de dangereux inconscients. Jean Franklemon avait voulu mettre tout le monde d'accord en fondant une association ultime, qui rallierait tous les clans autour de la pureté de sa doctrine : l'Association pour le droit des chauves à le rester. Youra avait immédiatement proposé une dissidence, axée sur le droit des non-chauves à le devenir. Tout ça ne faisait pas rire les engagés.

Tout à l'heure, Youra et Régine ont fini par s'engueuler. Devant son air si fier, il lui a saisi le bras. Il l'a aussi un peu secouée. Pour qu'elle arrête, pour qu'elle se cache, pour qu'elle pense à elle et laisse tomber l'idéal dont elle se gave. Dans le regard de Régine, il a lu la question : mais qui es-tu pour me juger ? Toi, le médecin au chômage, rayé des listes, qui théorise tout et qui fait preuve de lâcheté tant il réfléchit ? Il aurait pu lui dire, pour le train. Mais Youra écarte fermement le train : le train n'est que la preuve d'un orgueil mal placé, un acte posé sans sagesse, pour lui-même.

Au 51, il n'y a personne, ce n'est pas un jour d'atelier, et les copains ne passent plus guère à l'improviste. Mais Youra n'est pas venu se baigner dans la fontaine de Jouvence, il est venu voir Marcel et savoir si les paroles de son « ami et mentor », comme il l'appelle, vont pouvoir un tant soit peu l'apaiser. Lui redonner le rythme d'autrefois, quand il n'était pas encore en grande possession de lui-même, quand les journées n'étaient pas encore chacune un monde en soi, avant qu'il ne ressente le goût des choses avec frénésie, comme ces chiens de meute qui ont pris le goût du sang et qui ont besoin de toujours plus de chasses.

Sera-t-il bientôt guéri de cet état de conscience où tout lui semble aussi riche que vain ? C'est la question qu'il va poser à Marcel, dans la fumée des cigarettes et les odeurs de l'atelier. Marcel répondra à ces interrogations seulement à demi formulées sous forme de paraboles incomplètes que Youra comprendra, non en durée, mais en épaisseur.

Alors que Marcel parle à présent de transcendance et d'immanence et que les mégots remplissent le cendrier, Youra se laisse doucement envahir par la notion de jeune fille. Une notion qu'il aime, car elle s'infiltre en lui avec chaleur, comme un grog : ce qu'elle va dire, comment elle bouge, son sourire, ses yeux rieurs. Les êtres féminins à l'origine de cette notion changeante de « jeune fille » sont plusieurs et y participent en proportion variable, en fonction des semaines et de ce qui reste présent à l'esprit de Youra. Un geste suffit à faire pousser Isabelle. Une phrase, et c'est l'image de Claudine qui pâlit.

Oui, Youra devrait aller voir une fille, s'inviter chez Claudine ou Isabelle avant le couvre-feu. C'est ce que ferait n'importe qui de normalement constitué. Il a l'embarras du choix, on l'accueille toujours avec des sourires et des cris. Mais il sait déjà qu'il va finir sur le canapé de Marcel, après de longues, longues heures à commenter, à écouter, à rire et à maudire.

38

— Freddy peut nous avoir tout ce qu'on veut. Qu'est-ce qui te ferait plaisir ?

Pierre Romanovitch prépare sa soirée. Il a mis ses gants en chevreau et pilote sa Citroën. Il rit trop fort et conduit trop vite, parce que faire crisser ses pneus prouve sûrement quelque chose.

— Il faut que tu présentes une faille, sinon ce ne sera pas drôle. Kurt doit pouvoir s'y engouffrer, te contrôler. Tu dois jouer le jeu.

Youra réfléchit.

— Les cartes ? Les tripots ?

Romanovitch est déçu.

— L'alcool aussi, peut-être ? Les femmes ? Tu peux mieux faire. Et ne me dis pas : les vins rares. Il faut que ça tranche avec ton air d'expert en art ancien mal à l'aise.

Youra doit se tenir à la poignée de la portière.

— Un pédophile ? Un pédéraste ?

— Mais c'est vu et revu. Tu sors d'où ? Tous les notaires et tous les juges enculent des enfants pauvres.

Non, une perversion à toi. Un truc rare. Une collection, mais pas d'objets.

— Je pourrais collectionner les gens. Comme toi.

Romanovitch sourit, malgré lui.

— Oui, bien, mais c'est fait. Tu pourrais prendre des photos. Ça, c'est bien. Le côté voyeur.

— Prendre des photos d'agonisants. Soudoyer la police et courir comme une ombre sur les lieux des accidents.

— On se rapproche. Tu vois que tu as ça en toi.

Prisonnier de la route, Youra réfléchit.

— Je m'invite partout où le sang coule. Un piéton écrasé, j'apparais. Un mari trompé qui brandit un couteau, et me voici.

— Tu as acheté ton premier Rolleiflex à l'âge de dix ans, après avoir volé ton parrain.

Romanovitch est aux anges. Il ne regarde presque plus la route. Youra reprend :

— J'en suis au stade où je pourrais passer à l'acte moi-même, juste pour ajouter un beau cliché à ma collection.

— Mais il va vouloir la voir, ta collection. Je le connais.

— Hors de question. C'est une jouissance exclusivement réservée à ma petite personne.

— Bon. On a trouvé. Il en oubliera complètement de te faire réciter ton curriculum, ça lui suffira.

Romanovitch arrête la traction en plein milieu du carrefour. Personne ne moufte : celui qui roule encore en voiture est certainement un intouchable. Il contourne, ouvre la portière, Malka entre, précédée par les plumes de son chapeau.

— Dites, j'ai failli attendre.

Pierre démarre.

— Femme furieuse, femme bambocheuse. C'est ce qu'on dit.

— Bambocheuse ?

— La bamboche, quoi. La java.

— Ça va, Youra ? demande Malka en remettant son chapeau. Tu sais, tu peux encore rentrer chez toi. Le Comte a parfois de ces idées…

Pierre lui jette un regard.

— J'adore quand tu fais comme si je n'étais pas là.

Une demi-heure plus tard, Youra contemple le joli flou que produit son glaçon en se diluant dans son gin. En tant que M. Dubourg, expert en peinture ancienne, il reste prisonnier de la banquette ; là, il se compose un regard plongé en lui-même, en compagnie de chefs-d'œuvre oubliés. À la fausse anxiété du spécialiste se mêle la vraie excitation d'être enfin au milieu de tous ces renards qui se prennent pour des loups.

Les salons de l'hôtel du Berger sont remplis de petits groupes, mais de lourdes tentures et de profonds tapis étouffent le tintement des verres et les plaisanteries graveleuses. Kurt Asche va bientôt faire son entrée, il va falloir jouer le jeu, un jeu qui en vaut la chandelle et dont on récoltera les fruits.

Youra reconnaît le violoniste du petit orchestre russe qui fait semblant de ne pas être là. Ce garçon joufflu est le descendant d'une longue lignée tsigane, ses ancêtres jouaient pour les Esterházy, bien avant que les comtes ne se paient les services de Haydn. Comment s'appelle-t-il ? Rony ? Ruby ? Il parle le russe comme une vache espagnole, le russe et une douzaine d'autres langues, mais toutes aussi mal. Jusqu'en 40, on ne le voyait que dans un très petit restaurant près du Sablon, ou alors dans les fêtes organisées par la noblesse et la grande bourgeoisie, où chacun venait déguisé – surtout en laquais. Les riches adorent inverser les rôles. Imaginer qu'ils pourraient obéir aux ordres.

Ici, la hiérarchie des ordres est bien établie. Ça se voit aux regards et à comment on les baisse. On rit, on chante, on boit, on lance de bons mots. Mais gare aux incartades : c'est un jeu subtil où il faut toujours rire un peu moins fort qu'un autre.

Aucun uniforme, alors que Youra s'était préparé mentalement à en croiser un bon nombre. On laisse ça à Berlin, les soirées de gala avec ronds de jambes et insignes lustrés. Ici c'est la province lointaine, une petite capitale annexée, flamande, marchande, tranquille. On y fait ses affaires sans ostentation, sans brusquer la population avec des signes extérieurs de domination. On laisse aux patrouilles les bottes et le vert-de-gris.

Avec sa démarche de fauve, sa souplesse et ses mains vives comme des poissons d'argent, Malka est le centre de toute l'attention masculine. Son rire contraste avec sa silhouette : rauque comme un brame, il fait vibrer toute la pièce quand il surgit. Seuls un ou deux nouveaux venus se demandent si elle est à vendre. Les autres savent qu'elle n'a pas de prix. Depuis le bar, le Comte la regarde à travers les convives, il s'imprègne d'elle comme d'un animal rare qu'on n'aura jamais fini d'étudier.

Youra aussi étudie. Il ne perd pas une miette de la pièce de théâtre qui se joue ici. Ce collaborateur belge aux affaires prospères qui ne rit pas trop fort pour ne pas faire d'ombre à ses nouveaux amis, mais qui rit quand même pour montrer sa décontraction. Cet officier en civil qui s'encanaille, mais qui en fait trop avec sa bouteille de champagne : sans doute espère-t-il accroître une connivence avec un gradé plus gros que lui. Et puis les filles qui s'accrochent aux bras et qui montrent leurs dents de porcelaine. Plus tard, elles exhiberont leurs seins, leurs fesses, leur sens du rythme et leur souplesse d'anciennes danseuses de cabaret. Leurs voix de chanteuses, les tirades de leur jeunesse sur les planches. Tout en faisant couler leurs rires et frémir leur chair, elles penseront aux enfants qui les attendent quelque part, à ce qui reste au garde-manger – deux livres de riz à peine –, au prix des teintures capillaires, aux bas de soie qu'elles reçoivent en guise de paiement et qu'il faut encore aller échanger.

Mais ce ne sont pas les pauvres putains qui fascinent le plus Youra, sur sa banquette, avec son verre de gin qu'il fait durer : c'est Ruby et son orchestre. Ruby et son violon, devenu le centre de toutes les attentions, ce qui le gêne prodigieusement. Rouge comme les rideaux, bouffi comme s'il avait englouti un plateau de blinis, il salue tout en jouant, il sourit et espère qu'on le laisse tranquille. Mais les hommes ont décidé de se servir de lui pour communiquer quelque chose à l'assemblée : leur importance. C'est à qui applaudira le plus fort, glissera le plus gros billet entre les cordes du violon, apportant le fuel d'un morceau qui sans eux pourrait s'arrêter net. Le violon tangue au rythme de la musique, alors on glisse les billets pliés dans la ceinture de soie de Ruby. Des mains d'homme lui touchent le ventre, et lui se tortille – pas tant pour jouer, mais pour que ça s'arrête. L'argent tombe, on le ramasse, on cherche de nouveaux endroits où nicher la gratification ; sa poche de poitrine, son col, ses manches, il en a partout, les francs volettent autour de lui comme des papillons.

C'est Romanovitch qui va remporter les enchères. Il possède un avantage que les autres n'ont pas : il encourage en russe. Avec les mots qu'il projette par-dessus la musique, il raconte au musicien leur passé commun sur les rives de la Volga, les samovars, les nuits. Puis, subitement, il crie, applaudit et danse au milieu d'un cercle excité. Il parle presque aussi mal que Ruby, remarque Youra : un russe d'exilé, un baragouin. Mais qu'importe, les oreilles allemandes n'entendent que les gutturales et les *ski*, alors on frappe encore dans ses mains, on siffle entre ses doigts, on vide son verre et on se laisse emporter le plus loin possible.

Là-bas, Malka vibre au rythme des coups d'archet tout en feignant d'être fascinée par la conversation du petit homme insignifiant qui lui tient la jambe. Un millième de seconde, l'expression de Malka change : le millième de seconde où elle a posé les yeux sur Youra, à travers la salle ; un éclair presque soucieux au milieu du badinage. Youra a compris. D'ailleurs, il l'a reconnu. Le petit homme insignifiant n'est pas si insignifiant que cela : son aura grandit alors que son profil apparaît, au hasard d'une épaule qui se tourne, d'une blonde qui passe. C'est le responsable de la question juive en Belgique, c'est Kurt Asche. Après un instant où ses fonctions vitales se sont arrêtées, l'air dans ses poumons, le sang dans ses veines, Youra retrouve ses idées et prend le temps de contempler son ennemi.

Ruby a entamé une autre danse hongroise, comme pour nimber le petit officier d'un surplus de présence ; un artifice nécessaire tant l'homme est quelconque. Youra doit se convaincre qu'il s'agit bien de lui, avec ses petites lunettes rondes, son crâne rasé sauf sur le dessus, son nez retroussé. Une évidence le frappe : il pourrait passer pour le petit frère de Himmler. Son brouillon. Un peu moins laid, un peu moins petit, un peu moins tout : Kurt Asche est la première ébauche modelée dans la glaise par un sculpteur sans le sou qui aurait voulu rendre hommage au Reichsführer.

Il va falloir orchestrer les mouvements qui mèneront jusqu'à la rencontre et à la discussion. Mais cette pensée s'efface à l'instant où Youra croise un autre regard, celui de Romanovitch qui tout en riant avec deux commerçants bruxellois lui dit : « Je m'occupe de tout. » Voici que Malka se déplace insensiblement, histoire d'être là au moment des présentations. Pierre a quitté ses marchands, il vient de créer un aparté avec Asche et lui confirme la présence de l'expert. Kurt parcourt la salle des yeux, son regard entre dans celui de Youra avec ce mépris distant typique des faibles. Romanovitch badine, Asche sourit, sans doute qu'il lui conte à l'oreille sa perversion, cette amusante et morbide fascination secrète que l'expert nourrit pour certains clichés.

Youra s'est levé. Malka le voit arriver, soudain inquiète. Car Youra oublie de composer son personnage, cette raideur typique des scientifiques prisonniers de leurs analyses, ce malaise dont ils ont si bien parlé, ce voûtement d'intellectuel habitué à subir. Youra se tient droit, ne quitte plus Asche des yeux, s'avance vers lui comme pour un duel au pistolet.

Sans se troubler, Romanovitch parle du Chagall, qui n'est pas du meilleur Chagall. Du Matisse, qui n'est pas un grand Matisse. Il faudrait que Youra opine. Humble et huileux comme convenu. Mais Youra ne l'entend pas. Il dévisage le petit homme sans la moindre gêne. Et même, il lui pose des questions, dans un allemand parfait, presque insolent.

— Ainsi vous aimez l'art, monsieur Asche ?

— Qui n'aime pas l'art ? Une belle peinture touche tous les cœurs, n'est-ce pas ? Surtout quand elle vaut un certain prix.

Asche sourit à Romanovitch en cherchant une connivence. Le Comte a légèrement pâli. Le regard qu'il envoie à Malka est sans équivoque : fais quelque chose. Ramène-le.

— Exactement, dit Romanovitch. Ce que je préfère dans un tableau, c'est souvent son prix.

Youra n'en a pas fini.

— Mais vous, personnellement, Herr Asche… Qu'est-ce qui vous fait vibrer ? Les grandes compositions pleines de panache ou les toutes petites choses minutieuses ?

Asche est perdu. Il dévisage cet expert et fronce les sourcils. Geste sidérant : Youra lui met une main sur l'épaule. Il rapproche son visage.

— Je parie que vous êtes un homme de nature morte. Les paysages vous ennuient.

Romanovitch ne sait plus que faire. Il a pris Youra par le bras.

— Monsieur Dubourg, nous vous avons sollicité pour votre expertise, pas pour sonder nos goûts personnels.

À nouveau, il adresse à Malka un regard lourd. Malka qui lui répond avec les yeux : que veux-tu ? ça t'amusait de jouer avec le feu, de provoquer le destin, tu n'avais pas besoin de la présence d'un expert. Tu n'avais pas besoin qu'il soit juif et mon ami. Vous avez voulu jouer ensemble, voir qui craquerait dans cette roulette russe absurde. Débrouille-toi.

Mais Youra semble avoir repris le contrôle, même s'il a toujours les yeux en feu et qu'il oppresse l'Allemand de sa présence. Il confesse : oui, les amateurs se font rares. Oui, les cotes ont baissé, d'ailleurs, c'est bien simple il n'y a plus de cotes à proprement parler. On prend ce qu'offre l'acheteur.

— Ah, fait Kurt Asche.

— Précisément, répond Dubourg. À la guerre comme à la guerre, n'est-ce pas ?

— Et ces fameux acheteurs, vous en connaissez ?

Youra sourit sans répondre. Il regarde l'homme dans les yeux. S'il connaît des acheteurs ? S'il connaît de riches Juifs aux abois, prêts à débourser pour un viatique échangeable une petite peinture emportable dans leur fuite ? Malka lit dans ses yeux qu'il n'a qu'une envie, tendre les bras, agripper le cou de Asche et serrer, serrer jusqu'à lui exorbiter les yeux. C'est au tour de Malka d'appeler le Comte à la rescousse. Il est temps d'entraîner Youra à l'écart, car Kurt Asche commence à le déchiffrer. À tout moment, il pourrait voir clair dans la supercherie qui s'effrite, ordonner à ses hommes de main, toujours à portée de voix, de mettre aux arrêts ce prétendu expert, pour enquête.

Mais Youra se met subitement à louer le petit Seurat peint à Collioure. Oui, près de Perpignan, on reconnaît facilement le paysage, les Pyrénées. Le Chagall n'est pas terrible, le Matisse, n'en parlons pas. Mais le petit Seurat… Ce n'est pas un coucher de soleil, d'ailleurs, c'est un lever.

— Un lever ? demande Kurt Asche.

— Oui, le soleil se lève toujours à l'est, que je sache, ça n'a pas encore changé. Je peux vous proposer 25 000 francs pour le Seurat.

— 25 000 francs ?

Kurt Asche fait une grimace, mais personne ne sait ce qu'elle signifie.

— C'est un prix, intervient Romanovitch.

Kurt ne l'entend pas.

— Vous avez un acheteur, alors ?

— Oui. Anonyme.

— Parfait, dit Malka. Kurt, qu'avez-vous pensé du *Lohengrin*, à la Monnaie ?

Elle sourit, comme si la nationalité allemande donnait au petit gradé une connaissance intime de Wagner. Asche fronce les sourcils pour se pénétrer des grandeurs musicales teutoniques, qui s'accordent si bien à sa fascinante personnalité.

— Pas mal, dit Asche.

Il ne l'a pas vu, pense Malka. Son regard croise celui de Youra, s'y arrête, prisonnier. Personne ne voit ce regard, soudain tendre et éperdu, que la reine de la soirée adresse au pseudo-expert patenté. Youra ne sourit pas à Malka, il est encore dans cette urgence qui s'est emparée de lui. Sur les traits de la jeune femme, il regarde en transparence celle qu'il fréquentait autrefois, dans l'ancienne Bruxelles. La jeune fille cultivée, mystérieuse, adepte de Dostoïevski. De tous les humains ici présents, elle est la seule à savoir. La seule qui sache ce qu'il a dans le cœur. Au-delà de l'officier nazi, des tableaux, de toute cette pantomime : Ruby et son orchestre, toute cette musique qui joue avec ses nerfs depuis le début de la soirée ; avec ses nerfs et avec son âme. Cette musique qui se fiche de qui l'écoute, et qui ressuscite pour de bon les samovars, et les nuits.

39

Tout à l'heure, Youra formulait encore des pensées, des questions, des scénarios. À présent, c'est terminé. Tout est occupé : son esprit, son corps. Aujourd'hui, demain. Son visage ; ses mains ; sa bouche. Tout est rouge et vibre. Tout a été transformé en un liquide où circule une électricité qui annihile sans détruire.

Tout à l'heure, le tortionnaire a mis des gants. L'esprit de Youra a enregistré ce fait. De simples gants, et à l'intérieur, les poings de quelqu'un. Pas de scalpel comme dans les films. Pas d'instruments barbares en forme de tire-bouchon. Pas de feu ni de glace. Toutes les nuances de la douleur, l'esprit humain va les fabriquer à partir de simples gants.

Cet homme est un virtuose. Le premier coup qu'il te donne, dans les dents, produit un mal connu. Mais le deuxième, au même endroit exactement, trois minutes plus tard, crée un effet nouveau. Il faut l'avoir vécu pour le savoir. Et le troisième te donne l'impression d'être administré depuis l'intérieur du crâne. Le coup vibre comme une onde sonore, pour une durée abstraite. Comme si ton visage n'était plus fait de chair, comme si le cuir du gant ne s'était pas écrasé sur la lèvre, compressant ensuite la gencive : non, il s'est invité au-dedans. Le mal vrille, s'enroule sur lui-même, s'attache à la conscience comme un lierre, s'y installe, s'y plaît, grandit encore. Il ne sert plus à rien de crier. Le cri escorte un mal compréhensible, doté d'une durée. Mais ce mal-ci est absolu.

Tout à l'heure la raison s'exerçait encore et les images se faufilaient. La rue Vanderkinderen, le rendez-vous. Pierre l'attendait avec une salopette et une casquette neuves. Un déménageur d'opérette. Toute la matinée, ils ont transporté des caisses et des meubles, des sacs, des bibelots. Pierre voulait lui montrer sa caverne d'Ali Baba, le baigner dans ses trouvailles, son butin, son bien ; les restes des déportés mélangés à d'autres petits trafics : il aime toucher les objets qui se transformeront en billets, et donc en ce pouvoir qu'il exerce sur les gens.

Youra a fait l'effort d'être gai, jamais demandeur ; il a su attendre son heure et, comme à l'improviste, Romanovitch a fini par prononcer la phrase. « Ils sont là. Tes joujoux… Là, dans le sac. » Un simple sac en toile de jute, sous un groupe de six chaises marquetées empilées par deux. « Tu les prendras en partant. Il y a aussi des boîtes de cartouches, assez pour un régiment. »

Vers quatre heures de l'après-midi, on s'est salué. Youra a emporté son sac en le tenant sur son ventre, comme si c'était un enfant. Il n'en revenait pas du contenu et de toutes les possibilités que ce contenu lui offrait ; les perspectives. Il s'est fait penser à un chien qui a trouvé un os et qui erre, fébrile, sans pouvoir décider où il l'enfouira.

Pourtant, il fallait qu'il le cache, et vite. Il le confierait à quelqu'un de bien placé, un ami du War Office. Sans doute Richard, ou alors Jean. Il en garderait juste un pour lui, au cas où, avec une ou deux boîtes de balles. S'il marche avec son butin jusqu'au bois de la Cambre, alors il pourra le mettre sous terre. Ou déjà à l'abri des regards, dans un bosquet de houx et de ronces où il reviendrait de nuit. S'il marche jusque chez Marcel, il trouvera l'asile d'une grande maison pleine de recoins, mais il compromettrait du même coup son occupant. Il planquerait les armes, avec Choura, dans les gouttières, dans les évacuations, protégées par des housses en caoutchouc et des élastiques. Des pistolets partout dans la maison…

Derrière lui, des pas. Un coup d'œil : deux hommes en imper. C'est trop gros, ces deux hommes en imper alors qu'il fait chaud. Avec leurs mines soucieuses. C'est trop gros, mais Youra presse le pas. Le bois est au bout de la rue. Là-bas, sur le trottoir, il repère deux meubles, un déménagement ; il pourrait en profiter, jeter son sac, basculer les meubles, courir. Il n'a rien pour tirer, se défendre, attaquer. Ironie : le sac est plein de balles et d'instruments pour les propulser à grande vitesse, mais il n'a pas eu l'idée d'en charger un seul et de se le mettre en poche pour le trajet. Les deux types sont presque sur lui, et les meubles sur le trottoir encore si loin. Il pourrait s'arrêter sous prétexte de refaire son lacet, saluer les deux impers avec un sourire avenant, les laisser passer. Et c'est ce qu'il fait. Mais le plus grand des deux bondit, agrippe le sac et le lui arrache. L'autre le pousse contre la façade, un coude en avant vers la gorge de Youra, avec tout son poids, Youra plaqué contre le mur.

Pas une parole, pas un cri, et pourtant c'est fini. Il a joué, il a perdu, la partie est terminée. Direction l'avenue Louise, Malines, les camps. Une seule chose occupe son esprit : le visage goguenard de Pierre avec sa casquette et sa salopette, sa désinvolture. Ça ne fait que quelques minutes qu'ils se sont quittés. Trois cents mètres. La Gestapo va-t-elle lui tomber dessus ? Est-ce déjà fait ? Comment le prévenir ?

Avenue Louise, ils ne l'ont pas mis dans la cave comme il s'y attendait, mais l'ont ficelé sur une chaise dans un bureau du sixième étage. La séance a commencé en fin d'après-midi. Puis la nuit est tombée et la séance a continué, mais avec des entractes. Youra tente de garder le contact. De rester au-dessus grâce à des connaissances ; de la physiologie. La glotte. Les côtes. Le diaphragme. Le tortionnaire joue. Youra encaisse et tente de faire des listes. De prévoir pour exister.

La glotte est venue comme une surprise. Avec le tranchant de la main, de petits coups de rien mais qui suspendent l'arrivée de l'air avec des mines de ces filles qui jouent les aguicheuses. Tu vois ce que je pourrais te faire ? Tu vois ? La glotte est traîtresse. Mais ensuite sont venues les côtes. Les côtes, c'est la vraie salope du troisième acte qui te dévisage depuis le seuil, vidée de toute humanité. Les côtes te disent que tu vas crever pour de bon. Plus jamais tu ne pourras reprendre ta respiration comme autrefois. Plus une seule fois. Ça siffle encore un peu dans ta trachée. Un filet d'air sort en s'excusant. Mais plus rien n'entre. Narines grandes ouvertes, la bouche comme celle d'un poisson sur le bord de l'étang, les yeux qui tournent et qui cherchent. L'air est devenu la monnaie universelle. Plus rien d'autre n'a de valeur. Ni l'or, ni les diamants. L'air. Un gramme serait suffisant ; il caresserait ton larynx en te disant que c'est possible. Mais tes poumons restent vides. Ton torse est paralysé ; et pourtant tu es vivant. Tu attends. En toi rien n'est capable de se dire *j'accepte. C'est la fin : j'accepte*. La mort. Le néant. Ton corps ne peut que supplier qu'on le délivre avec un gramme d'air. Et puis le gramme vient, lentement. Un muscle minuscule a bougé, il en entraîne d'autres. Et finalement, l'air se met à transiter. Les molécules arrêtées repartent, comme une denrée bénéfique.

Youra voudrait que son corps se souvienne. Qu'au prochain coup dans les côtes, il sache que c'est pour du faux. Que c'est une vue de l'esprit, que la mort n'est pas là, que c'est un leurre bien orchestré, une mascarade, juste un moment à passer… Mais le corps ne retient pas. Il retient tout, mais pas ça. L'homme s'est approché. Assis sur sa chaise, Youra anticipe. Il a entendu son pas, il contracte ses muscles. L'homme frappe, même pas très fort. Et c'est là. L'horizon se remplit en une fraction de seconde de cette couleur aveuglante, de cette odeur épaisse : tout se conjugue avec une seule information. Tu vas crever. Cette fois, c'est vrai. Cette fois, c'est la bonne.

40

Kurt Asche entre dans le bureau et salue Otto d'un signe de tête. Dix-neuf heures. C'est le moment où il vient aux nouvelles avant de rentrer chez lui. Un jeune homme, trente ans peut-être, trône sous l'ampoule. C'est difficile de leur donner un âge, une fois qu'on a commencé à les travailler. Ils se ressemblent tous, avec les lèvres fendues et les arcades qui pissent.

Celui-ci n'a encore rien dit. Sinon quelqu'un l'aurait appelé. On ne leur pose plus de questions. C'est un fait amusant, mais Kurt a remarqué que les questions étaient contre-productives : on en apprendra moins d'un homme qui se concentre sur ce qu'il doit taire. Ceux qui ont quelque chose sur la conscience finissent par raconter. C'est comme un fruit qui vient à maturité : il suffit d'attendre.

En montant, Kurt a croisé l'envoyé du *Judenrat*, qui apportait les rations. Après les bancs, ce sont les rations alimentaires qui se sont mises à obséder ces messieurs, alors on a dit oui, bien sûr, oui, c'est normal, les gens qui transitent par l'avenue Louise doivent bien manger quelque chose, envoyez-nous des rations. Le *Judenrat* nourrit ses Juifs.

Celui-ci n'a pas faim. Kurt est formel, un coup d'œil suffit. Pas comme l'autre, celui de la cave, que Kurt vient de quitter. Celui-là avait faim. Dans la solitude de l'escalier, Kurt a pris un trait de genièvre à sa gourde personnelle. Histoire d'avoir les idées bien claires en cette fin de journée. Il a ri en y repensant. L'homme était une sorte de petit intellectuel binoclard, peut-être un professeur de quelque chose. Il parlait allemand avec un drôle d'accent slave. Quand Kurt est entré, les deux jeunes préposés ont arrêté leur geste pour saluer. Sur le sol, une quantité tout à fait incroyable de sang. Et une touffe de cheveux avec un peu de peau. Le petit Juif intellectuel n'était même pas attaché. Kurt a fait quelques pas. Les deux autres restaient pétrifiés dans leur salut. Très bas, il leur a demandé ce que c'était que ce sang. Et ces saletés. Il fallait faire disparaître ces saletés tout de suite ! À genoux devant sa chaise, le petit Juif l'a pris pour lui. Pensant qu'obéir avec zèle mettrait fin à ses tourments, il parcourait le sol de ses yeux globuleux. Il ne pouvait collecter son sang et se le remettre dans les veines, alors il a saisi la touffe de cheveux. Et il se l'est collée dans la bouche.

Kurt n'a pu retenir un hoquet. Les deux soldats n'avaient rien vu, ils se demandaient la raison de la moue amusée du chef. Mais ils sont restés de marbre, comme le leur a appris la belle discipline du Reich, si prompte à se retourner contre ses plus fidèles serviteurs.

À présent, Kurt contemple le jeune homme du sixième, qu'on soupçonne d'avoir participé à l'arrêt du vingtième convoi. Otto n'y a pas été de main morte. Affalé sur sa chaise mais la tête basculée en arrière dans une posture d'abandon presque comique, le gars présente des allures de pantin disloqué. Le problème, c'est qu'il est de constitution athlétique. Ceux-là, il faut beaucoup les travailler, et puis tout à coup le corps lâche ; il y a des limites à tout.

Kurt fait signe que c'est bon comme ça. Otto peut rentrer chez lui. Peut-être que la nuit ressuscitera le Juif. Mais c'est peu probable. Il a vraiment été amoché. Demain, il y a de fortes chances qu'on le retrouve dans la même position mais raide, comme pris par le gel.

41

Il n'y a plus de couleur puisqu'il n'y a plus de lumière. Pas de chaleur puisqu'il n'y a pas d'air. Au fond d'une eau noire il demeure englouti, rien n'est avec lui, pas de mollusque ni de microbe, ni la plus petite forme de vie ; pas de végétal, pas de mouvement si ce n'est celui de l'argile qui l'aspire plus profond encore. Youra chute sans gravité, dans la forme qui l'accueille sans s'ouvrir. Bientôt, sa pensée finira, sa pensée, dernière latence à battre au milieu d'une conscience abandonnée, d'un corps rompu ; comme un bateau naufragé rempli d'une eau trop salée qui tombe vers l'abysse, vers la vase épaisse de milliers de mètres qui avale et ne recrache pas.

Youra marine dans cette boue dont on ne revient plus. Son état ne lui est rien ; c'est son état. La conscience s'est tue enfin, le monde s'est réduit à la vase noire, ni solide ni liquide, ni même vraiment nécessaire. Tout existe et rien, conjointement ; tout est équivalent, ici, nulle part, demain, hier. Youra y baigne comme avant la naissance. Tout lui est égal. Tout est bien. Tout est pareil – enfin. La souffrance a disparu. L'envie n'est plus.

L'argile lui a rempli la bouche, les yeux, les oreilles ; son cerveau est en repos et ne spécule plus. Quelque chose de permanent remplit tout, toutes les directions comme une sphère mate, toutes les intentions comme un univers vide.

Et puis un très mince fil passe à sa portée. Youra le regarde passer. Il saisit encore cette notion, vague, ce rien, mais un rien *particulier*. Une pensée lointaine, une odeur, vient de s'accrocher à ce rien qui règne dans toutes les dimensions. Mais la voici qui s'épaissit, un brin se tresse au premier : oui, c'est une odeur d'encrier. Dans la classe. L'odeur d'apprendre. Une odeur d'encre et de rognures de crayon. Il aimait la voix de M. Grenez. Alors qu'il a enfin accepté sa propre disparition comme la seule vérité, voici la voix nasillarde de M. Grenez, l'odeur de l'encre sur ses doigts qui ne partait pas tout à fait. Youra se dessinait des volutes sur le bout ultrasensible des phalanges, l'ambiance de l'école l'escortait jusque chez lui en même temps que l'odeur de l'encre ; il emportait à la maison les moments où ça se concentre : les camarades et lui-même, prisonniers ensemble des phrases de M. Grenez qui raconte les dieux, les héros, les monstres.

Toujours dans son vide et dans son plein, dans cet espace sans nom où l'attendent pêle-mêle les morts et ceux qui espèrent une existence, quelque chose vient d'éclore, une abstraction a germé, comme celles qui l'enivrent quand il rêve. Il n'en faut pas plus. Quelque chose en lui reconnaît là une énergie et y prend pied. Cette nouveauté n'a pas besoin d'un large socle : un grain de sable lui a suffi. Une odeur d'encre et voilà un récit. Un besoin de vivre comme un battement assorti d'une chaleur et d'une évidence : la vase ne l'aura pas. Pas tout de suite. Pas cette fois. Quelque chose bat des pieds et monte vers la surface, où une lumière existe sous la forme de milliers de miroitements. Là-bas, l'air transporte des choses agréables, peut-être une musique. Pas celle qui te saoule et te ramène vers le fond. Pas la musique des anges, mais la musique des hommes. Youra va s'échapper, non par le bas, comme ça lui était promis. Par le haut, comme il convient à une chose vivante, et c'est encore ce qu'il est.

Il va s'échapper avec son corps, et ses envies d'humain. Ce qui grandit au fond de lui le fait sourire et puis rire. Il l'a reconnu, c'est ce bon vieux Friedrich Nietzsche et sa volonté. Les murs seront là quand il ouvrira les yeux. Son corps encore tremblant ligoté à la chaise. Un jour d'un mois qui est le mois de mai dans une ville qui s'appelle Bruxelles. Les paramètres lui reviennent en même temps que lui revient l'appétit. Un besoin grand comme le monde. Il va laisser grandir en lui les idées et il va trouver un moyen. Le plan va se mettre en place, ce sera pur comme un dessin. Il va les prendre à leur propre jeu. Il va se mettre debout. Il va vivre.

42

Le Sturmmann Jan-Pieter Junkens, deuxième classe, n'a été affecté avenue Louise que début mars. Il doit encore trouver ses marques. Mais les possibilités d'avancement sont évidentes. Avec un peu de chance et les bons appuis, il pourrait passer différents examens et monter en grade. Voire rejoindre les rangs de la SIPO, qui lui ouvrirait une carrière de policier, d'inspecteur. De retour à Wiesbaden, après la guerre, il jouirait d'une bonne situation, enviée. Il se le répète souvent, et le répète à son père dans les lettres qu'il écrit chaque dimanche : la possibilité de progression est évidente, et la motivation est là. Bruxelles n'est pas un mauvais endroit. On est logé dans d'anciennes casernes réquisitionnées, il y fait froid, mais depuis la fin avril, un soleil durable s'est installé sur la Belgique. On a affecté le Sturmmann Jan-Pieter Junkens à la surveillance des locaux et des prisonniers, horaires décalés. Il se présente à dix-huit heures et repart à la caserne le matin, à l'arrivée des soldats, des policiers et des fonctionnaires, pour quelques heures de repos bien méritées.

Jan-Pieter sait qu'un homme est là, dans la pièce au fond du couloir, mais ce n'est pas son problème. Son problème est que la nuit se déroule sans encombre. Il a apporté un livre d'espionnage et un illustré chipé au deuxième étage, chez les secrétaires. Vers minuit, il ira saluer son collègue responsable du troisième et du quatrième étage. Puis il piquera son petit somme de milieu de nuit dans le fauteuil du bureau des inspecteurs, au cinquième.

Il est 23 h 35 lorsque le premier bruit lui fronce un sourcil. Ça remue dans la pièce du fond. Lorsqu'il pousse la porte et allume la lumière, il avise le prisonnier qui se tortille à ses pieds. La chaise gît sur le côté, l'homme y est toujours attaché. Lorsqu'il se place derrière et qu'il essaie de saisir le prisonnier sous les bras, Jan-Pieter y renonce vite, de peur de tacher son uniforme avec tout ce sang mal séché. Et puis le Sturmmann doit se rendre à l'évidence : jamais le prisonnier ne reprendra sagement sa position assise, car un pied de la chaise est cassé. Au sol, l'homme gémit comme un animal malade, il n'entend pas les paroles de Jan-Pieter qui lui intime de se calmer. Il est là à geindre comme s'il était seul au monde. Avec ses yeux tuméfiés et ses oreilles grosses comme des beignets aux pommes, sans doute qu'il ne voit plus, qu'il n'entend plus.

Jan-Pieter contemple le corps en chien de fusil sur le sol. Il referme précautionneusement la porte sur eux, pour que ça ne s'entende pas aux étages. Discrétion. Efficacité. Demain matin, tout sera rentré dans l'ordre et il pourra signer un nouveau rapport « rien à signaler ». Mais le prisonnier geint et se tord, il rue aussi comme une chèvre et va finir par abîmer le reste du mobilier. Jan-Pieter parle à voix haute. Que faire ? Mon Dieu, que faire ? Il va à la carafe d'eau, qu'il vide sur le visage du malade, mais celui-ci se met à hurler. Jan-Pieter sursaute. L'eau n'a pas prodigué ses vertus apaisantes, elle semble au contraire réveiller les plaies. L'homme tremble toujours plus. Sa bouche se met à écumer, ses membres à heurter le sol dans une cadence hystérique, comme possédés par un esprit frappeur. Jan-Pieter contemple la scène, recule d'un pas, inspire, panique. Qu'a-t-il fait ?

Dans le râle qui s'échappe de la bouche du prisonnier Jan-Pieter entend un mot. Il s'approche de la bouche, le mot se répète, mêlé à d'autres, et le mot est « toilettes ». Une image s'impose à lui : le bout du couloir, la cuvette blanche, le prisonnier qui s'y libère de son mal, et tout qui rentre dans l'ordre. Preste, il défait les liens serrés qui accrochent étroitement les bras au dossier, les chevilles aux pieds de la chaise. Les nœuds sont serrés, mais dans la poche de Jan-Pieter dort un petit canif bien utile. Restent les menottes de fer, qu'il préfère laisser par sécurité. Jan-Pieter parle à l'oreille du gisant ; c'est d'accord pour les toilettes, c'est bon, on va y aller. Mais l'homme n'est pas maître de ses bras raides, de son cou qui s'allonge, de ses talons qui frappent le parquet. Puis tout à coup le corps se relâche comme un pantin dont on coupe les fils. Il ne geint plus. Le calme est revenu dans la pièce. Jan-Pieter respire. Soudain quelque chose s'échappe du prisonnier, un cri, non, une gerbe noire. Le deuxième classe fait un pas de côté. Précipitamment il relève l'homme avant qu'une seconde gerbe n'éclabousse les documents, les dossiers. Il faut en finir, vite le couloir, la cuvette, ensuite il épongera et il rattachera, et tout rentrera dans l'ordre, comme dans le conte de *L'Apprenti sorcier*.

Jan-Pieter ausculte la mine du prisonnier qu'il a levé et qu'il tient face à lui tant bien que mal. Mais le blessé gîte comme un tapis mal roulé qu'on aurait mis vertical pour le transporter. Le soldat allume dans le couloir. Il fait un pas, puis deux, en direction de l'escalier. Il se retourne pour voir si le prisonnier à moitié sourd, à moitié aveugle, parvient à le suivre. Mais le prisonnier n'est pas là où il l'a laissé, contre le chambranle, recroquevillé. Il est tout près de Jan-Pieter, beaucoup trop près. Entre les plis de chair tuméfiée, le prisonnier le regarde de son œil vivant, perçant. Le Sturmmann lève lentement les yeux en suivant les bras dressés face à lui. Là-haut, comme pour une offrande païenne, un énorme cendrier en pierre verte, brandi, va s'abattre.

43

Une main sonne à la porte du 56, rue Guillaume Stocq. Après une minute de silence, la main donne encore quelques petits coups sur le bois vernis. La lumière finit par s'allumer dans le hall, visible à travers la petite vitre colorée au centre de la porte.

On entrebâille de quelques centimètres, un œil féminin se glisse, une silhouette d'homme en peignoir se dessine derrière la femme. Sur le seuil, un soldat SS en uniforme. Immédiatement, la main s'est crispée sur la poignée de la porte. Mais le SS tend une paume ouverte en signe de paix ; à son poignet pend une menotte vide. Sous le képi, un visage inconnu, défiguré, mais dont la bouche esquisse un sourire et trahit une présence amie.

— C'est Youra, madame Mondo... Youra Livchitz.

La porte s'ouvre grande et laisse entrevoir le visage d'une femme de quarante-cinq ans, où la stupéfaction fait place à l'écœurement.

— Youra ?

Le SS entre. La porte se referme sans un bruit.

Jacqueline est assise à côté de Youra à la table de la salle à manger. Elle tient entre les siennes cette main à laquelle s'accroche encore la menotte. Le képi est posé juste à côté, comme si le SS était là en visite de courtoisie. Les mots se pressent pour raconter, ils déboulent trop vite entre les lèvres fendues et les dents cassées. Youra raconte comme s'il avait été témoin d'une série d'actions qui lui sont étrangères. Comment il a frappé. Les vêtements qu'on arrache, qu'on enlève, qu'on échange, sans savoir si l'autre est vivant, assommé, s'il va revenir à lui, s'il faudra le finir d'un nouveau coup. Les lunettes prises sur un bureau pour masquer son visage. Les idées qu'on rassemble mais qui s'affaissent sans cesse comme du sable mouillé : sortir ; se tenir droit ; parler allemand. Saluer les deux sentinelles comme s'il était quatre heures de l'après-midi. Avoir une phrase prête, ou plutôt un ordre, bref. Marcher droit. Masquer son visage, le garder tourné vers l'ombre. Disparaître au coin de la rue. Courir. Ne pas faire de bruit. Courir. Rejoindre la rue Guillaume Stocq, le 56, l'abri le plus proche. Prier pour qu'on vous ouvre.

À la liste prononcée par Youra succède celle d'Octave Mondo. Trouver des vêtements, brûler l'uniforme, descendre à la cave pour scier la menotte, la faire disparaître. Soigner les plaies et les ecchymoses. Prévenir si possible les proches, donner signe de vie. Au milieu des phrases, Octave essaie de sourire, d'être confiant, presque gai, histoire de compenser la mort qui est passée bien près ; qui pourrait revenir si on ne fait pas tout comme il faut.

Torse nu dans la salle d'eau, assis sur le bord de la baignoire, Youra est entre les mains expertes de la jolie Jacqueline. En temps normal, il trouverait quelque chose de spirituel pour dissiper l'érotisme de la situation. Comme quoi on dirait la scène d'un film, lui Clark Gable, elle Claudette Colbert, un film d'espionnage de la Warner avec des microfilms. Mais Youra est trop fatigué pour les phrases, il se laisse faire. Dans le miroir, il compte les points de suture qu'il se fera demain avec du fil à coudre, les deux arcades, la pommette. Ce programme médical lui semble à la fois très concret et très lointain, comme si le soignant et le patient n'étaient pas vraiment connus de lui. Une vision très nette s'impose par contre : il faut absolument prévenir Pierre. Il le dit à Jacqueline et, malgré les *chuttt* il le lui redit : elle doit le voir à tout prix. Lui dire que Youra s'est fait prendre en sortant de son atelier avec les armes, qu'il soit très prudent. Ce n'est pas un hasard. Une menace pèse sur lui.

44

Ayez pitié du pauvre aveugle ! C'est le seul livre que contienne l'appartement. Le seul. Comme en atteste la vignette collée en page de garde, il a été reçu par une certaine Jeanne Wilckers le 16 août 1909, en guise de prix d'excellence. Remis par sœur Engelberte en personne – ça ne s'invente pas –, il couronnait les efforts d'une quatrième année. Le sous-titre à lui seul annonce la couleur : « Touchants épisodes pour la lecture du foyer chrétien ».

Youra le lit et le relit sans cesse. Il ne peut s'en empêcher. Pourtant il a bien envie de taper avec une poêle sur la tête du père Guilleri et de son chien (figure page 56). Ou du si méritant Hervé (pages 127-128), qui n'était pas un mendiant ordinaire, lui qui allait déjà fleurir les calvaires quand il n'était que gamin – mais déjà aveugle. Or, ce n'est pas au père Guilleri, ni à son chien, ni au méritant Hervé que les coups de poêle de Youra devraient être adressés, non, c'est à l'auteur anonyme qui n'a pas osé signer son ouvrage – par peur sans doute des représailles des gamines de quatrième année.

Si Youra avait fait preuve de bon sens, il ne se serait pas acharné à lire ces pages, ni à les relire encore. Le frontispice est clair comme de l'eau de roche : ce n'est pas à lui que s'adresse le livre, mais à un hypothétique « foyer chrétien ». Son esprit scientifique, critique, frondeur aux yeux des rédacteurs de la « Petite Bibliothèque de la Famille », est prisonnier de beaucoup trop d'a priori pour pénétrer avec grâce dans l'univers proposé, celui d'humains égarés mais qui, grâce à des vertus de cœur, vont retrouver une Voie Nouvelle. Voie qui leur était invisible – et pour cause – mais que les fourvoyés vont retrouver, non avec leurs yeux, mais avec leur foi !

Youra sent bouillir sa bile face à tant de suintantes billevesées, à tant de leçons données avec cet insupportable mélange de componction et de mépris pour le lecteur, qu'on considère comme une âme peureuse en route vers le rachat d'un crime jamais nommé mais qui imbibe chaque page.

Cela fait quatre jours pleins qu'il est prisonnier de l'appartement. Il en est réduit à compter les fleurs qui s'enroulent sur le papier peint. Et à deviner à travers les rideaux tirés ce qui se passe dans la rue où il ne se passe rien.

La jeune fille a promis de lui apporter de la lecture. Dans une poche, il a retrouvé le poème que Régine lui a passé, et qui ne le quitte plus. Un stencil où l'encre a bavé, une écriture appliquée, pas de titre. Le poète cite à sa bien-aimée tous les endroits où il écrira son nom, les armes des guerriers, les couronnes des rois, les objets familiers, la lune vivante. Mais il n'écrit pas à sa belle, il écrit à une idée, qui claque au dernier vers : liberté. Youra a trouvé ça naïf sur l'instant, mais un peu d'innocence ne peut pas faire de mal. Quand il fait tourner la feuille entre ses doigts, ça l'apaise. Souvent il relit à voix haute et, pour passer le temps, il invente de nouveaux lieux qui le font voyager. Sur les fenêtres écarlates, sur le front des acrobates, et les falaises de Douvres. Sur les squelettes des morts, sur les mains des terrassiers, sur le bois qu'on va brûler. Sur les chanoines et les vaches, sur les aloyaux si tendres et sur les mardi gras perdus. J'écris ton nom.

Il n'a pas pu rester chez les Mondo. C'était trop dangereux, pour lui comme pour la famille. Trois jours pourtant il a été choyé comme un hôte de marque, nourri, soigné, vêtu. Jacqueline venait lui tenir compagnie comme à un grand brûlé, un soldat de Quatorze défiguré, tombé baïonnette au canon. Elle contemplait ses croûtes comme s'il portait les stigmates d'un acte héroïque. Alors que Youra se souvenait surtout qu'il avait assommé un de ses semblables, un hominidé comme lui, avec pour seule idée celle de le tuer ; et accessoirement de sauver sa propre peau.

Dans la petite chambre sous les toits, il avait fallu qu'il raconte plusieurs fois à Jacqueline comment il avait simulé la crise. Pour se faire vomir, il suffit d'exciter la vésicule en enfonçant trois doigts sous la cage thoracique, entre le foie et les poumons. Les membres qui tétanisent requièrent un manque généralisé d'oxygène, qu'on obtient tout simplement en sollicitant le diaphragme. Il faut également des talents de comédien : se jeter corps et âme dans son rôle sans souci de bienséance, ni de retour en arrière, ni de l'inconfort du public. Lequel public se réduisait ce soir-là à « son » soldat. Youra enjolive, plaisante, fait le joli cœur, mais il a beau se décrire comme un gigot, « ficelé, amorphe, et légèrement dégoulinant », certains silences montrent à Jacqueline la solitude où il se trouvait.

Livres, conversations, éclats de voix dans l'escalier : la civilisation de la maison des Mondo semble bien loin. Youra ne sait même pas dans quel coin de Bruxelles il se trouve. À force de détailler les façades par la fenêtre, à travers le voile d'un rideau auquel il est défendu de toucher, il a opté pour Etterbeek. Ou Berchem-Sainte-Agathe. La pâle jeune fille dont il ne connaît pas le nom ne revient qu'à la nuit tombée. Elle dort dans la chambre du fond, lui sur le canapé. Elle parle toute seule en faisant la soupe, mais c'est là tout ce qui sort de ses lèvres. La vie de clandestin est beaucoup moins amusante qu'il ne le pensait. À présent, il a définitivement rejoint les invisibles. Car il est un poids ; l'évidence lui tombe dessus un peu plus chaque jour.

L'arrestation a transformé un être doté de libre arbitre en un objet gênant qu'on se refile. Qu'importe son degré de motivation à se rendre utile à la cause, partout où il se trouve, il peut compromettre. C'est ce que Romanovitch, toujours si pragmatique, a fait comprendre à Jacqueline lorsqu'elle a enfin cédé aux suppliques de Youra et accepté de le rencontrer, à seize heures, en face de l'Innovation. Le soir, dans la salle de bains, elle ne voulait rien dire. Youra avait dû lui tirer les vers du nez pour qu'elle lâche enfin qu'elle avait trouvé l'homme « glacial ». Il n'était resté avec elle sur le trottoir qu'une seconde à peine, comme s'il la croisait. « Il faut qu'il parte », avait dit Romanovitch. « Qui ? Où ? » avait demandé Jacqueline. « N'importe où. » Rapporter ces mots à Youra coûtait à la jolie jeune femme. Elle voulait le garder encore auprès d'elle. Mais il lui était impossible de mentir.

Jospa, prévenu, partageait cet avis : il fallait exfiltrer Youra vers une institution religieuse perdue dans les bois, entre Saint-Hubert et Libramont, où il était attendu. La solution extrême, avait pensé Youra. Celle réservée aux « terroristes » les plus activement recherchés. Et pas vraiment indispensables à la suite des opérations menées depuis la capitale. Enterrement de première catégorie. Mais lui ne veut pas d'un enterrement : il préfère l'incinération. C'est moins long, plus propre, et puis ça flamboie ; et ce flamboiement peut être utile s'il touche quelques ennemis bien choisis, que Youra pourrait emmener avec lui dans la mort.

Au lieu de cela, on le laisse à moisir derrière ces vilains rideaux qui fantomatisent Bruxelles. Et s'il sortait ? S'il prenait le couteau avec lequel la jeune femme coupe ses légumes ? Pas le grand : Youra choisirait le petit, bien aiguisé. Il s'approcherait des esseulés, comme le fait Régine, et au dernier moment il trébucherait, leur planterait la lame dans le bide, entraîné par son propre poids. Il remonterait le couteau d'un geste sûr, tranchant vers le haut, et accomplirait l'art du seppuku, si cher à leurs alliés japonais. Un premier soldat, puis deux, puis dix... Dans les ruelles, les impasses, à la sortie des cafés où la fine fleur du Reich vient oublier ses tracas pour une heure ou deux, à coups de bière blonde. En une seule nuit, silencieux comme un Vénitien, souriant, affable, il en zigouillerait quelques douzaines. Et finirait par se faire éventrer à son tour, la faute à un Bavarois fort comme un bœuf qui, dans un geste de lutteur, retournerait contre Youra le petit couteau à patates.

Youra sourit en revenant à lui. Il n'est pas dans une sombre ruelle mais sur son satané sofa, avec ses aveugles à portée de main. Jamais il n'ira dans les Marolles dégommer du Boche à la sortie des bordels. Ce n'est pas son style. Pas son truc. Il se réveillerait au premier sang et voudrait sauver le jeune homme en face de lui. Il oublierait que le type est allemand, nazi, coupable. Il ne verrait qu'un jeune apeuré, voudrait panser la blessure qu'il vient d'infliger. Youra soupire. Il aimerait réellement pouvoir devenir un vengeur au sang froid dénué de toute trace de savoir-vivre, d'espoir. Une bête humaine.

45

Jospa le regarde. Il vient de s'asseoir et a prévenu Youra : au début, tu ne me croiras pas. Ça va mettre du temps. Jospa croise les jambes comme un Anglais qui aurait tout son temps. Mais que me veut-il ? se demande Youra. À me considérer avec son air de professeur de chimie ?

Jospa crache le morceau. Romanovitch est un traître. Il l'a fait suivre pour en avoir le cœur net, et les preuves sont là. Un jour sur deux, trois maximum, il rencontre Kurt Asche en personne, ou son homme de confiance. Plusieurs lieux sont dévolus aux rendez-vous. « Tu veux les détails ? Le plus souvent, ça se passe avenue Louise, dans les bureaux, tout simplement. Les faits sont là. On se doutait que le Comte avait des appuis haut placés, des protections. Voilà. »

Youra a envie de rire. De balayer d'un revers de la main les affirmations de Joseph Jospa. C'est ce qu'il fait. Mais évidemment que Romanovitch ressemble à un traître ; à un salaud ; un agent double ; un scorpion. C'est précisément sa nature, son objectif, sa technique. Jospa l'a fait suivre ? Grand bien lui fasse. Des visites régulières dans les bâtiments de la Gestapo ? Mais bien sûr. Mais évidemment.

Youra observe encore le flegme de Jospa mais déjà, presque à son insu, son esprit se met à tisser de fins filaments de possible. Il y a là quand même quelque chose d'envisageable, et même de… séduisant. Pierre qui s'amuse à le vendre. « S'amuse », oui, parce qu'avec le Comte, il faut tout peser à l'aune de l'amusant. Et si son aventure avec Pierre n'avait été qu'un piège ? Romanovitch se révélerait alors un comédien de génie.

Inébranlable, sûr de lui, Youra regarde Jospa dans les yeux. Mais un frémissement du sourcil trahit l'activité sous-jacente de sa pensée. Au centre de l'image : les dents gâtées. Romanovitch lui sourit, mais à moitié. Un rien fielleux, un rien serpentin, ce demi-sourire comme une estafilade ; à force de restriction mentale, on finit par s'y habituer – alors que l'impression première est bel et bien celle de la duplicité.

Sur ce possible de plus en plus présent à son esprit, les arguments viennent se briser comme des vagues sur la falaise. Car Jospa est un pilier de la Résistance bruxelloise. Ce qu'il avance possède un certain poids. Mais si Romanovitch est un traître, alors pourquoi lui ? Lui, le petit Youra Livchitz, médecin au chômage, paria juif dans un pays occupé, qui traficote quelques armes pour se donner l'illusion d'agir ?

Lentement, au fil des secondes et des minutes, dans l'appartement silencieux, Youra commence à comprendre. Jospa se tait. Il pourrait aussi bien prendre son journal et le parcourir. Mais il préfère rester disponible, escorter Youra dans les abîmes de la réflexion.

Il y a notamment cette dimension si parfaitement dépourvue de sens qui, paradoxalement, en procure un à toute l'histoire : rétrospectivement, la trahison de Pierre donne raison à ses affirmations de pourriture généralisée, puisqu'il en est lui-même le bras armé. Sur son sofa, Youra sourit. En le trahissant, Pierre réalise sa propre prophétie.

Sans doute qu'une certaine lucidité triste apparaît sur les traits de Youra, car Jospa prononce la phrase : Je suis désolé. Youra ne répond pas. Il n'est pas encore au bout de l'idée, même si son visage s'est fermé. Tout s'enclenche comme dans un théorème : les *donc*, les *si*, les présupposés et les acquis, les conclusions qui s'imposent.

Peu à peu, Youra cesse de se considérer comme un adolescent attardé avide de Grand Soir, il se regarde dans le blanc des yeux et voit l'homme du train. Le pervers Romanovitch a pu décider de faire de Youra une valeur marchande, une monnaie d'échange. Alors que la légende grandissait à travers Bruxelles, que chaque jour le nombre de miraculés échappés du train augmentait, l'homme qui avait arrêté le convoi prenait du poids. Youra, lui, continuait de se voir comme un leader presque accidentel, présent sur les lieux pour pallier l'absence de son frère, l'auteur d'un geste symbolique qui n'avait déclenché la survie que de quelques-uns, et mis en péril celle de ses anciens copains d'école.

Mais parfois Youra rencontrait des amis au regard de feu qui lui murmuraient sa propre histoire, étoffée : les signaux, les partisans, le panache de fumée qui annonce le convoi, les tirs, les bielles qui se bloquent, les roues qui envoient des étincelles en mordant l'acier des rails. Et les ombres qui fuient sous les coups de feu des soldats rendus furieux par l'impuissance… Youra s'interdisait toute fierté et refoulait le tout dans son inconscient. Se pouvait-il qu'au même moment ait grandi dans l'esprit de Romanovitch une jalousie, puis un désir lancinant, celui de finir éventuellement par le vendre ? Dans cet œil toujours prêt à évaluer la valeur marchande des objets et des gens ?

46

Allongé sur son sofa Youra ne dort pas. Sur la porte en pitchpin, le grattement d'une souris. Une souris férue de jazz, pense Youra. Le grattement devient signe de reconnaissance. Silence de part et d'autre du battant, couverture qu'on rejette, chuchotements échangés. Choura est là. La jeune fille, affolée, survient ; on la renvoie à ses draps ; elle obéit en maugréant. Avant de se décider, Choura a passé deux heures à observer la rue depuis l'immeuble d'en face. Il s'y est faufilé à la suite d'un vieux type, puis s'est convaincu de l'absence de guetteur boche, après avoir fait le pied de grue à la fenêtre.

Youra parle. Choura se montre d'accord avec Jospa. Romanovitch en traître, ce n'est pas seulement possible, c'est écrit, clair comme de l'eau de roche. Chacun est condamné à assumer sa nature, déclare Choura. Tôt ou tard. À part ça, il n'apporte pas beaucoup de nouvelles : lui-même est sans doute surveillé. Grillé, ou en passe de l'être ; du bois mort.

Oui mais alors ? demande Youra avec les yeux. Choura baisse les siens. Les Ardennes, il est d'accord avec son petit frère, c'est la mort, en pire. Reste l'Angleterre. Via la France. La route habituelle. Ils pourraient se retrouver à Londres tous les deux. Faire de l'espionnage, écouter la radio, intercepter les messages, traduire, établir des rapports, recouper. Imaginer des tactiques secrètes. Et peut-être à nouveau agir, s'il le faut. Partir en commando dans un pays dont ils sauraient la langue et les coutumes, déguisés, armés, entraînés. Comme ces deux Tchèques qui ont eu la peau de Heydrich. Ils accompliraient les actes qu'il faudrait. Dans un tel contexte, chaque action pesée vaut cent vies humaines. Peut-être mille.

Le lendemain, la journée se traîne. La jeune fille absente, les pauvres aveugles dans leur livre, les impressions qui s'installent un peu plus quand on veut les chasser. Dans une heure, cela fera un tour de cadran que Jospa a prononcé les mots. À présent, Youra est tout empli d'une vérité : il a toujours su. Les lieux s'imposent à sa conscience l'un après l'autre, comme un chapelet entêtant. Romanovitch et lui à la terrasse du Métropole. Romanovitch qui déboule en voiture, Malka penchée à la fenêtre. Romanovitch le dernier jour avec sa stupide casquette et sa salopette neuve. Les phrases qu'il a prononcées, avec le recul, prennent toutes un double sens. Ses plaisanteries désabusées, cet humour aussi méchant que désespéré, où le blagueur se dispose volontiers au milieu du bûcher qu'il vient d'allumer… Il l'a bien eu. Il l'a possédé. La vengeance froide, mathématique, se mêle au dégoût tout bouillonnant qui submerge Youra. En faisant silencieusement les cent pas dans le petit salon, il se voit le mettant hors d'état de nuire. À la terrasse du Métropole. Au volant de sa voiture. Dans son antre où il s'imprègne de ses petits trésors glanés. Et même dans ces demeures où il joue au coucou et se rassasie du malheur d'autrui pour s'en faire un miel frelaté.

Youra ne l'assassine pas de son couteau à épluchures. À Romanovitch, il faut une fin digne de lui, teintée d'un panache de pacotille. Au Métropole, il s'étrangle avec son vrai café : une femme dont il a trahi la confiance vient d'y verser un liquide vert en passant. La direction de sa Citroën cède : quelqu'un en a scié la courroie pour se venger. Mais ces visions amusantes ne rassasient pas Youra : il faut que ce soit lui qui donne la mort. À ce prix seulement il pourra enfin respirer à nouveau. Il faut que Romanovitch ait le temps de se savoir démasqué, confondu. Que son visage s'effondre lentement ; voilà, il sait qu'il a perdu la partie, il pensait pourtant avoir tout prévu et pouvoir s'amuser encore. La fête est finie. Pire : elle va continuer sans lui.

Un jour viendra. Un mardi. Ou un jeudi. Youra aura traversé des choses, vu encore des gens et des lieux, certains sans doute agréables, d'autres désagréables. Mais tout sera oublié parce qu'il sera là, face à lui. Le regard de Pierre Romanovitch se perdra dans le vague lorsqu'il reconnaîtra son ancien ami. Nulle part où s'enfuir. Aucun déguisement pour s'attifer. Pas de parole, pas d'excuse. Juste un poing qui se lève face à lui, et dans le poing une arme. Le poing ne possède ni œil pour voir ni oreille pour entendre, il prolonge juste un bras tendu. Ni souffrance, ni sang. Quelque chose de propre et d'utile.

47

Une fourgonnette. Un cageot pour chacun, calé contre la tôle. Un petit rideau sépare de l'avant, de la rue, du monde. Hors de question d'y toucher : tu te contentes de zyeuter par les fentes et tu interprètes chaque son, chaque coup de frein.

Youra pose les mains bien à plat – une sur chaque genou. Il inspire et il expire en utilisant le ventre comme lors des séances de yoga qu'organisait Mme Toussaint sur la terrasse, autrefois. La respiration est la base de tout. Le calme de l'esprit vient du corps. Ne plus laisser la place aux pensées. Donner tout l'espace à la simple vérité du moment : les choses se dérouleront comme elles se dérouleront. La peur ne pourrait qu'entraver leur avancement. Il faut la bannir. Mais déjà, Youra se revoit rue Vanderkinderen ce jour-là. Il vient de quitter le hangar de Romanovitch. Les deux types sont derrière lui, avec leurs airs et leurs impers. Respirer.

Ses yeux se posent dans ceux de Choura. Choura n'a pas besoin d'inspirer avec le ventre. Il est ailleurs pour de bon. L'entraînement, peut-être. Ou sa nature profonde. Voilà bien longtemps que Choura a abdiqué, les contingences matérielles ne le touchent plus, une sagesse un peu paysanne a pris possession de lui. Il suffit de le regarder. Choura est comme ces chiens qu'on donne aux aveugles et qui tranquillisent. On sait que rien ne pourra entraver leur mission. Les chiens d'aveugle ne savent pas s'ils font le bien ou le mal, ils barrent le passage à leur maître avec leur corps quand déboule une auto. Choura lui apporte le calme avec son regard intérieur, ce corps qu'il laisse ballotter au gré des cahots.

« La Laitière et le Pot au lait. » Une référence culturelle, encore une, c'est le mode de fonctionnement de Youra, impossible de lutter. Comme un château de cartes, ces satanées références culturelles s'appuient les unes contre les autres et construisent sa pensée, sa vie. Va pour Perrette, la jeune Perrette qui part au marché et qui déjà multiplie la valeur du beau liquide blanc qu'elle trimballe sur sa tête. Veau, vache, cochon, couvée. Il est Perrette et ne peut empêcher les images de s'imposer, ces images, ces scénarios avec lesquels il jongle depuis des jours qu'il est enfermé. Ces conditions. *Un :* s'ils arrivent à quitter Bruxelles. Et puisque – *deux* – ils ont refusé le pourrissement dans les Ardennes, alors peut-être, *trois* : ils gagnent la France. Là, le plus difficile, ce ne sont pas les longues distances. À vélo, la nuit, c'est fou le nombre de kilomètres que tu parcours. Le plus difficile, ce sont les passages où on dépend d'autres gens. Alors il pourrait se passer le *quatre* : ils gagnent Bordeaux. La Rochelle. Youra s'en souvient : quelqu'un a prononcé le nom de La Rochelle. Un bateau. *Cinq* :

l'Angleterre. *Six* : tout redevient possible. Là-bas, on possède un poids. Un lien avec ce qu'on appelle l'avenir. Veau. Vache. Cochon. Couvée. Ne pas réfléchir. Ne pas trébucher.

À travers les rideaux, on devine un vrai grand printemps. On est dans quel quartier ? Une fois encore, le flou ; ils sont infantilisés. Comme des scouts qu'on mène jusqu'à une campagne inconnue, un campement, une promesse de bonheur simple. Ils n'ont pas à savoir où, l'important c'est la clairière où on pourra planter sa tente avec les autres.

Dehors les rails des trams éblouissent quand la fourgonnette tourne. On devrait bientôt gagner des quartiers d'usines et d'ateliers en briques rouges, puis la vraie campagne flamande. Quand on s'arrêtera, on s'étirera et on se sourira. Peut-être que Choura dira quelque chose, peut-être pas. Il dépliera son grand corps, allumera une cigarette, plissera les yeux, jettera un regard circulaire sur les choses et les gens.

Ils n'ont pas d'armes. Ça fait partie du plan. En cas d'arrêt du véhicule, ce seront les gars de devant qui interviendront. À l'arrière, serrés comme des sardines, ballottés comme des cageots, on subit et on se tait. Un sentiment de liberté se mêle à la frustration : se faire trimballer peut aussi avoir du bon. Le destin se joue en dehors de soi – pour une fois.

Ce matin, Youra a dévoré un grand bol de gruau d'avoine. Ça faisait cinq jours qu'il ne touchait presque plus à la soupe de la fille, cinq jours que la trahison s'était imposée à son esprit. Romanovitch lui avait coupé l'appétit. Il avait déjà connu ça : l'impression que ça venait de l'intérieur de lui. Une salissure, mais pas sur la peau, pas de celles dont on se lave. Une qui s'est invitée dedans et qui vit.

Mais ce matin ça l'avait quitté. Libéré, Youra a mangé de bon appétit et le sain gruau d'avoine a dilué la face de Romanovitch. Cette nourriture chevaline est venue à bout de sa voix et de ses manières. Tout à l'heure, dans un lieu neuf, Youra se libérera du gruau transformé, sous la forme d'un étron poussé avec joie. Il l'appellera Pierre et le saluera avant de tirer la chasse. Les étrons ne sont pas de vilains diables comme le pensent les bourgeois. Ils sont la trace des calories dépensées dans la journée et des gestes accomplis. Ils sont le reflet des petits bonheurs, des regards, des éclats de voix. Oui, il saluera cet étron-Pierre comme un ami.

La fourgonnette s'arrête net. Tout le monde se dévisage. Un détail saute aux yeux : le silence. À l'avant, les deux portières claquent presque en même temps. Youra entrouvre les rideaux : la cabine est vide. À travers le pare-brise on devine une grande cour intérieure. Un bâtiment. La pleine ville. Il tourne le visage vers son frère qui sait lui aussi. Ils vont ouvrir le hayon, plisser les yeux et voir les soldats en armes, avec leurs casques qui leur donnent à tous la même tête.

48

Voilà une semaine qu'il est ici. Ici, c'est Breendonk. L'air est chaud mais les murs restent froids. Breendonk est un fort construit au début du siècle pour éviter que les Allemands reviennent comme en 1870. Ça n'a pas marché apparemment. Ils ont bel et bien rappliqué, mais en 1914. Entre-temps, la portée des obus avait changé, les forts étaient obsolètes avant même d'être terminés : imaginer des canons prend moins de temps à des Allemands qu'il n'en faut à des Belges pour construire des casemates en pierre, et les recouvrir de millions de tonnes de terre. Les casemates sont restées, longs couloirs remplis de salpêtre. Le fort, orgueil du pays, n'a pas servi à garder les Boches dehors, alors il sert à garder les Belges dedans.

Mais Breendonk n'est pas une prison comme une autre. C'est le genre de bâtisse vivante qui te digère. Lentement, mais elle te digère. Comme autrefois les mystiques dans les églises, les recluses du Moyen Âge. Elles avaient fait vœu de ne plus quitter la demeure du Seigneur, plus jamais ; elles prieraient jusqu'à leur heure dernière, rien d'autre, emmurées dans un coin de l'église. On leur faisait passer par un trou de quoi subsister, et elles subsistaient. C'était autre chose qui allait avoir raison d'elles : le froid, l'humidité, le manque d'air, de lumière. Le bâtiment finissait par littéralement les digérer. Elles s'oxydaient. Se minéralisaient. La terre et la pierre leur remontaient par les jambes ; leurs membres se faisaient lentement terre et pierre. Il leur restait la bouche pour prier. Mais avec les années dans leur pièce sans air, sans chaleur, les prières aussi finissaient par mourir. Après plusieurs jours de silence, le bedeau cassait le mur et contemplait sous sa torche les restes de la mystique : un maigre corps bleu et vert, moisi par endroits.

Youra pourrit. Malgré l'exercice et la volonté, Breendonk l'enduit de ses sucs. Il lui faudrait une autre énergie pour se purifier de ce qui le dévore ici. Mais les maigres rations sont calculées pour que tu restes juste en équilibre sur le fil : vivant mais périclitant. Après avoir bien analysé le processus, Youra a engagé une autre lutte : celle de l'esprit. Elle est perdue d'avance, mais il est curieux de voir combien de temps elle pourra durer, avec quels subterfuges, au prix de quels exercices. Les livres sont pleins d'histoires de naufragés qui trouvent une subsistance de phoques ou de fruits, mais qui finissent par s'effriter pour raisons morales.

Ses plus grands alliés sont les frères De Brandt. Deux Brusseleirs qu'on emporterait volontiers sur une île déserte pour le concentré de vie qu'ils trimballent partout où ils vont. Comme Kurt Asche, les frères De Brandt étaient droguistes, et la légende raconte qu'ils aidaient les résistants à fabriquer des bombes en leur filant des invendus et des recettes. Et qu'ils ont caché des Juifs dans leur arrière-boutique. Et qu'ils ont exfiltré des parachutistes brits en les refilant à des fournisseurs dans des barils. Plus pathétique est la situation, plus inventifs seront les frères De Brandt. Les frères ne lui apportent ni nourriture, ni vêtements chauds, ni nouvelles de l'extérieur. Bien mieux : jour après jour, les frères De Brandt parviennent encore à le faire sourire.

Youra essaie de garder en tête leurs expressions faciales, les noms d'animaux qu'ils donnent aux gardes en fonction de leur physique, Lombric, Chameau, Choucas ; les images qui surgissent de leur bouche avec cet esprit souvent cinglant, parfois potache, toujours absurde ; s'ils n'avaient pas été bruxellois, pense Youra, ils auraient très bien pu être juifs.

Breendonk, pour eux, c'est « Boudin Noir ». Tout le monde en a marre du boudin, trop de boudin finit par fâcher l'intestin. On a mangé tout notre boudin blanc. Reste l'autre : le boudin noir, le boudin sans espoir, le boudin sanglant, écœurant. Le boudin noir, c'est celui qui reste toujours dans le plat. Tu as remarqué ? On se demande ce qu'il fait là. Qui l'a acheté ? Et pourquoi ? « Vous reprendrez bien un peu de boudin ? » demande un frère De Brandt au débotté, au milieu de la journée, sur la contrescarpe où on casse des pierres comme des forçats. « Non vraiment merci c'est gentil, dit l'autre. Sans façon. J'attends Noël. »

Youra lui aussi attend Noël. Pour passer le temps, il casse des tas de cailloux, comme sur la route de Louviers faisait le cantonnier de la chanson. Et Breendonk le rabote comme lui-même rabote les pierres et les monticules de terre. Toute cette terre qu'il faut déplacer. Araser les défenses que d'autres ont construites et qui n'ont jamais servi, dégager la vue sur les champs et les villages, que la lumière enfin entre dans Breendonk ; un jour, les rayons du soleil frapperont les casemates et les couloirs ; eux ne seront plus là.

Youra note mentalement les bons mots qui font rempart au désespoir, pour ce livre qu'il écrira un jour, quand il sera sorti et que le souvenir de Breendonk viendra le rechercher à l'improviste comme un rot de boudin noir. Un grand roman sur la bêtise humaine. Quelque chose de cruel, de cynique, de vrai. Ce sera après la guerre, et le monde aura été nettoyé de tous ces petits messieurs en uniforme ; mais il faudra se souvenir des moments où on avait basculé dans le compromis. Ce hideux compromis où avaient grandi les faibles. Un jour – prochain, lointain ? –, on se retournera sur les années de guerre comme on se retourne sur 14-18, avec l'étrange sensation d'un sort qu'on nous avait jeté, qu'on s'était jeté à soi-même, une maladie qui nous étreignait comme la fièvre mais qui est retombée.

On ne l'a pas encore torturé. Ça ne saurait tarder. Tout le monde finit par y passer, et toute cette mascarade ne fait que t'y préparer. La soupe aux choux dépourvue de la moindre trace de chou. Le quignon de pain où la poussière tient lieu de farine. Les injures. Les coups. Les couvertures qu'on retire pour que le froid de la nuit entame ta peau comme le plus lent, le plus pernicieux des acides. Tout cela te prépare à la torture où tu dois arriver déjà à moitié cuit. Là, le

Reich récoltera les informations nécessaires à son avancement. Breendonk ne te prépare pas à la déportation dans le grand agencement méthodique des Boches : Breendonk te prépare à la vérité et à la justice. La vérité qui sortira de ta bouche le moment venu. La justice qui s'ensuivra : la corde, le peloton. Ou pire : encore un peu de Breendonk.

Les gardes adorent jouer à « tomber-courir ». SS allemands, SS flamands, ils se rassemblent quand la connivence du groupe donne envie de passer un bon moment. On engueule les prisonniers présents, on les rassemble comme le font les chiens de berger, puis un coup de sifflet est donné, comme pour une partie de football. Immédiatement, les prisonniers se mettent à courir, ils connaissent la musique. Au deuxième coup de sifflet, où qu'ils soient, ils se laissent tomber. Il ne s'agit pas de se coucher, attention, il s'agit de s'affaler comme si la vie désertait vos veines et vos membres avec une brusque nécessité. Les hommes tombent la face la première dans le gravier, s'éraflent les coudes, le menton, perdent leur calot, les chevilles se tordent. Les gardes aussi se tordent : de rire. Alors on remet ça. Un coup de sifflet. La course en tous sens, les fourmis affolées. Et plus affolées encore quand au signal les jambes s'affaissent ; les voilà qui tombent, parfois les uns sur les autres ; ils restent au sol dans une image de mort subite où il est si bon de les contempler.

Youra ne déteste pas jouer avec eux à « tomber-courir ». Il connaît les coins sableux où s'écrouler sans dommage. Les postures, les affalements dignes de Charlot qui font beaucoup d'effet mais sans vous démettre la rotule. Youra y va de bon cœur, car sous l'humiliation réside une autre vérité : je suis là. Je vous vois. Jouons : je serai votre partenaire. La fange où vous pensez m'enfoncer est celle que vous convoquez et qui vous ressemble. Je suis là. Dehors. Je respire l'air, la lumière baigne mon visage. Je ne suis pas encore six pieds sous terre, pas non plus à l'isolement dans ces cachots enfouis au cœur de la pierre, et où on crève encore plus vite. Je suis là. Regardez-moi : je tombe avec mes camarades. L'ai-je bien descendu ? L'ai-je bien descendu, ce talus où je me vautre pour le plus grand plaisir de vos dents jaunies de tabac froid ? Mais c'est moi qui ris, camarade. Ne m'entends-tu pas rire, la bouche pleine de sable ?

49

Il est possible de pénétrer l'épaisseur des choses. On n'arrive pas là en essayant, avec de la volonté. Paradoxalement, la condition pour y entrer est de ne plus vouloir y entrer. Et il n'y a pas de mots pour nommer cette vérité. Ou alors ils sonnent creux, ceux qui décrivent l'état et le chemin vers cet état. Abandon. Connexion. Communion. On dirait la publicité d'un mage de pacotille, d'un gourou en quête d'âmes crédules. Et pourtant… Peut-être faut-il la dureté pour y aborder, un environnement qui pèse sur ton enveloppe physique et t'oblige à la déserter. Les maîtres yogis partent sur la montagne et vivent dans des grottes.

Au fil des jours et des heures où il est en compagnie de lui-même à méditer, Youra se remplit de cette certitude, de cette sensation : plus un seul être vivant sur terre ne lui est étranger. C'est une phrase qu'il aurait pu prononcer il y a des années, un soir, sur la terrasse, ou en compagnie de Marcel, de whisky et de cigarettes, mais il aura fallu Breendonk pour qu'elle ait réellement un sens.

Il s'est mis à parler comme ces illuminés détestés. Tant pis. Il y a un sens à être vivant. Nous ne sommes qu'un : tous. Des phrases de prêtre mais qui sont vraies. Une évidence s'est imposée à lui, à travers lui, quelque chose de chaud au milieu du froid intense des objets et des murs, et qui était en lui. Elle n'est pas descendue, cette vérité : elle est montée. Elle s'est invitée. Elle précède le Christ et son père de bien des millénaires, de bien des manières. Elle baigne la Terre, et si c'est un mystère, il est partout. Visible partout. En chaque morceau de nature, en chaque animal, et même en chaque homme.

Youra est apaisé. Il peut contempler son avenir et son passé. Chaque chose possède une place et un sens. Une totale existence. Ce banc où il est assis. Ce mur. Les pierres qui constituent les murs. Ce camp, la charpente, la lumière dehors, les corneilles, l'herbe et le vent : Youra participe de tout ça. Sans effort, sans conscience. La foi, ce n'est pas croire : c'est savoir. Savoir que c'est là. Cette énergie qui existe depuis le début. Elle est partout.

Mais cette vérité fond avec l'exercice de la raison. Les hommes en étaient pleins autrefois. Aujourd'hui encore, tous la cherchent. Cette vérité, c'est ce que les mystiques ont baptisé Dieu, eux qui ont su rester proches de Lui, ou le redevenir. Les siècles et la science et les Églises ont fait fondre notre lien, mais une place au fond de nous doit rester vide, doit rester vierge, à remplir, pour le jour où. À remplir par Lui. Youra l'appelle *Lui*, faute de mieux. Les animaux n'ont pas besoin de Lui : ils sont Lui. Les arbres ne le connaissent pas : Il est les arbres.

Un aumônier passe de temps en temps dans la chambrée. Il s'arrête à côté des montants de bois qui leur servent de lit et lui sourit. Il invite Youra à lui parler. Il n'est ni dans le jugement, ni dans l'attente, croit-il. Il reste là. Autrichien et maigre, il parle un bon français, mais Youra lui répondrait en allemand, s'il lui répondait. L'aumônier a sous-entendu qu'il lui arrive de discuter avec Choura, dans l'autre chambrée réservée aux Juifs. Il a sous-entendu que ça lui faisait sûrement beaucoup de bien, à Choura. Quelques minutes de temps en temps. Allons, c'est agréable quand même, d'échanger… Youra le dévisage. Que pourrait-il dire au brave aumônier autrichien ? Qu'en quémandant des phrases, c'est sa conscience à lui que l'hypocrite tente d'apaiser ?

Youra imagine, il devine le malentendu qui préside à leurs conciliabules. Choura évoque la force supérieure qui préside à toute existence ; le prêtre pense qu'on parle de son petit dieu personnel, alors il est heureux. « Dieu est bon », dit-il, et ils finissent par tomber d'accord là-dessus. « Si Dieu est bon, alors l'homme est bon. » Choura n'est pas sûr. « Mais si, insiste l'aumônier. Quand même, faites un effort. Je sais que votre situation n'est pas confortable, votre condamnation à mort et tout ça. Mais l'homme est bon, vous savez. C'est écrit là. » L'aumônier brandit son livre. « Où », demande Choura, qui l'a lu et relu. « Mais là… Quelque part… »

Méditer et se dissoudre dans le présent, dans l'épaisseur du temps, c'était le seul chemin pour Youra. Pour s'occuper l'esprit et éviter de devenir fou. Parce que c'est l'aboutissement du raisonnement qui se fraie un chemin en lui depuis des années. Échapper au ressassement des idées, des théories, des histoires. Ces petites unités qui construisent sa pensée comme les fourmis bâtissent des ponts pour franchir des rivières, inlassablement *actives*, jusqu'à ce que mort s'ensuive.

Quand il part là-bas, la tribu des humains lui apparaît. C'est un grand tableau animé : on peut y plonger le regard, et les saynètes se mettent à vivre, comme un Jérôme Bosch vivant, géant, réel ; un monde. Toutes ces petites personnes sont prisonnières de leurs actions. Mais avant tout, elles sont prisonnières de leurs pensées ; c'est un besoin qui s'impose à elles, qui les vide, qui les épuise : réaliser ces pensées. Celui-ci ressasse tout haut une liste de gestes à accomplir. Acheter, vendre, s'allier, prospérer, vendre encore, peut-être acheter. Cet autre veut posséder des bouteilles, pleines, vides, des écuelles, des pots, il aimerait en garnir ses armoires – pourquoi, il l'ignore, mais l'image de ses étagères bien pourvues l'obsède, alors il agit dans ce sens et, pour une raison obscure, sa quête d'ustensiles se double d'une consommation sexuelle. Encore une bouteille de plus ; une bouteille, ou un vase, ou une marmite, ou un anus, qu'importe – quelque chose à remplir et à posséder. Ce troisième aimerait voyager et voir le monde, des paysages grandioses, mais pas question de les laisser filer, il les garde sous une forme étrange : un pâle reflet dans sa poche, témoin muet, ridiculement petit et plat en comparaison des montagnes et des mers : il marche et grimpe sur des monticules toujours plus hauts pour voir toujours plus loin, petite silhouette courbée et noire. Quand il arrive au sommet, il contemple un instant sa gloire, sa possession. Parfois c'est l'aube. Il redescend, heureux comme un âne.

Youra vogue au milieu de cette multitude de gens, du grand théâtre qu'ils composent tous ensemble. Il essaie de l'observer sans haine et sans jugement. Mais ce sont là encore des pensées bien sûr. Même pour se défaire de la prison dans laquelle elles nous enferment, il faut encore des pensées, des pensées nouvelles. Existe-t-il des hommes qui veulent s'en affranchir un peu ? Où vivent-ils, dans ce tableau précis comme un rêve, vaste à l'infini ?

À bien y regarder, les hommes qui se pressent et qui se bousculent ne le font pas tout à fait au hasard. L'homme aux bouteilles les remplira d'un liquide utile. Celui qui vend croit qu'il va nourrir. L'homme aux paysages pense agir pour la beauté… Nos historiettes nous constituent autant que l'eau, elles sont l'unique pellicule qui nous sépare de la peur, de l'absolue solitude et de la mort.

Dans l'immense tableau vivant où il erre, Youra aimerait bien trouver un sage. Un ermite, un gars dans un bois ; ça sauverait sa journée. Mais tous tournicotent de concert, farandole furibonde, jusqu'à la nausée. Plus il cherche, moins il trouve. À force, il risque d'entrer dans le rythme commun, de s'abrutir et de s'oublier. Et puis il lui apparaît. À l'orée de cette immense clairière déboisée, au pied d'un arbre : deux yeux. Mais ceci n'est pas un homme. Un renard, peut-être. Les yeux disparaissent. L'animal retourne à sa vie : boire, manger, dormir. Trouver sa moitié. Boire, dormir, manger ; ou être mangé.

Youra revient à sa couche et aux deux couvertures qui lui permettent de mener une existence. Ses deux couvertures sont sa condition à lui. Là-bas, à l'isolement, on t'en retire une et c'est un tourment sordide, une torture : impossible de s'y enrouler proprement, alors on tremble, jour après jour, nuit après nuit ; le corps sombre et s'épuise. Du pied, Youra recale le maigre tissu contre le chevron du lit : les calories resteront prisonnières à l'intérieur, pour son confort et pour sa vie.

Il peut encore contempler sa vision : ni l'enfer, ni le paradis, le monde. C'est de là qu'il partira quand il aura du temps pour son roman, son grand roman russe. Il montrera un héros obnubilé par les idoles. Le christianisme, la science, le fascisme : tout cela consomme et consume. Rien, jamais, ne pourra plus désirer être simplement ce qu'il était hier. Ce serait contraire à la loi des idoles : il leur faut la consommation.

Le nazisme n'est jamais qu'une aventure humaine plus perverse que ses sœurs. Un mythe comme un autre, poussé plus loin. Depuis des siècles il attendait patiemment l'humanité, assis sur un tabouret au bord du chemin : la rencontre était inévitable. La consommation – non plus seulement comme fin, mais comme moyen. La destruction comme carburant. La fin comme commencement.

Youra ferme les yeux. Il faut convoquer le sommeil à présent. Le sommeil est précieux, il est une condition à la survie. Et au creux du sommeil l'attend peut-être un rêve heureux, sans queue ni tête, mais libre.

50

Cinq hommes debout sur la butte contemplent le même spectacle : le dos flottant du bienheureux qui depuis des jours préparait son coup. Les pierres dans les poches, pierres lourdes pour t'emmener au fond de la douve, une corde pour t'entraver les mains – car la vie, on ne s'en débarrasse pas comme ça. Il y a les réflexes, les bras qui s'agitent, le cerveau primaire qui décide pour toi, qui cherche l'air.

On est là, tous, la pioche à la main, le regard rivé sur celui qui n'est plus. Plus rien. Ni faim ni soif ni honte ni froid ni rien. Il a de la chance, ce mort. Il a du mérite aussi. Les malheureux, ce sont les deux qui devront aller le chercher tout à l'heure, après la journée, qui verront son visage déjà un peu bouffi, un peu bouffé, mais hors de portée, inviolable. Alors qu'eux restent ici prisonniers pour encore du temps, à la merci de la vie.

Souvent, les camarades s'approchent de Youra, le soir après la soupe, et lui ne les reconnaît pas. Les coups de crosse et de trique ont modelé un autre visage. « C'est moi, c'est Smolek. — Ah, Smolek, c'est toi ? » Après trois mois de Breendonk, on n'a plus le cœur aux exclamations. Plus d'énergie pour les questions, les « qu'est-ce qu'ils t'ont fait, mon pauvre vieux » ; on va directement aux mots utiles, qui ne sont pas vraiment utiles mais que faire d'autre ? Il faut en venir aux mots, aux gestes de professionnel qui mettent un baume au cœur, un instant. Un théâtre d'humanité nous est resté. On joue à faire encore partie du monde.

Youra regarde les œdèmes de carence qui gonflent les chevilles de ces hommes jeunes, comme des bottes de chair. Il leur dit de tomber à genoux quand ils sentent venir la syncope ; ils tomberont toujours d'un peu moins haut. Un frère De Brandt, le plus grand, est là. Mais plus question de rire. Chaussure en main, il attend, puis quand vient son tour il montre avec un sourire de dément un vilain abcès sur son orteil. Ses yeux brillent et tournent et interrogent, revenant toujours à son pied. Et pourtant il porte une plaie bien plus laide entre la tempe et l'oreille, une estafilade boursouflée d'où sort un liquide gluant, ni rouge ni blanc. Tout ce qui est au-dessus du cou, ici tu t'en fous : avec la gueule cassée tu vis ; mais une purulence au pied t'empêche d'enfiler ta godasse, et là tu es mort ; impossible de galoper, il te reste une heure à vivre, peut-être deux. Youra lui fait une entaille avec son canif, ça va se vider ; rien pour désinfecter, ça se remplira à nouveau demain de pus et de merde ; au moins tu cavaleras encore comme un singe amusant sous ton fardeau, et c'est ce qu'ils veulent.

Plus que la blessure, plus que la mort, l'important c'est d'éviter la folie. Les fous, c'est le spectacle de leur victoire complète. La vengeance suprême du détenu, c'est chaque jour que tu passes sans avoir sombré dedans. Pas comme Schmidt, cet Allemand qui retournait demander aux soldats un peu de lait. À chaque heure il oubliait, il y retournait ; les coups pleuvaient sur sa tête qu'il ne protégeait plus, la folie lui avait enlevé les sensations, et même les réflexes de protection ; sa tête ne fut bientôt plus qu'une citrouille rouge éclatée, il est mort au milieu du chemin. Autrefois, à Berlin, il avait été un journaliste connu.

La nuit on prie pour le sommeil, la seule trêve, l'oubli. Bienheureux les dormeurs, malheur aux éveillés. L'eau ruisselle sur les murs, et dans le silence l'eau devient cascade, on l'entend, on la sent, on croirait qu'elle coule du dedans. De partout montent les remugles, l'obscurité laisse la place aux choses monstrueuses qui te constituent désormais, et qui attendent le noir pour venir. Dans les chambrées, le soir, toute la laideur respire, on l'entend ; les derniers instants d'une agonie, borborygmes immondes, soupirs, prières, sanglots, mais pas l'agonie d'un vrai moribond, une agonie entretenue, prolongée des mois, des années.

Ça caquette et ça rampe. Ça supplie et ça maudit. Ça souffre, ça se vide et ça meurt. Mais il ne faut pas penser à ceux qui meurent. Sinon ils vous emportent avec eux dans les méandres d'où on revient fondu, cinglé. Il faut partir, mais il faut aussi savoir revenir. Se construire un monde intérieur où on peut encore exister ; pas un monde trop meuble, trop lointain, trop beau, car on pourrait s'y noyer.

Comme Smolek. Qu'est-il devenu ? La veille encore il parlait avec Youra d'être affecté à la forge. Il avait bon espoir. À la forge, on se brûlait facilement, direction l'infirmerie, la fin des cris, des coups, quelques jours. Il n'en demandait pas plus. Et puis ce midi-là, au coup de sifflet, alors qu'on est presque rentré au fort, Smolek fait un pas de côté, puis deux. Il quitte le rang et se met à courir. Pas de douves où se noyer, pas de barbelés à escalader, qu'est-ce qu'il fait ? Comme un aveugle, Smolek fonce vers le mur, il va ralentir, sûrement, mais non, il s'y fracasse. Tous sont médusés, soldats, prisonniers. Les gardes abaissent les fusils pour qu'on reste dans le rang. Tous les yeux sont fixés sur Smolek, qui se relève en titubant. Le sang inonde son visage. Il l'enlève avec ses mains, comme au lavabo, il va revenir à lui, sûrement. Mais voici Smolek qui se replace face à la muraille, prend son élan. Avec toutes les forces qui lui restent, il part pour une course contre lui-même. Quand il arrive au mur, il écarte les bras comme un athlète qui franchit la ligne, il rebondit contre la pierre qui se teinte de rouge, se retrouve assis. Les chiens aboient, on reprend sa route vers l'intérieur du camp. Sous la voûte, le long couloir qui mène aux chambrées, Youra tourne la tête pour voir si Smolek va se relever encore.

Dehors il entend les ordres : les soldats se précipitent pour empêcher Smolek de continuer. Ce n'est pas aux prisonniers de décider : ni du lieu, ni de l'heure. C'est au Reich de régner. Sur les vivants et sur les morts, les blessés, les tuméfiés, les fous et les braves, le Reich règne sans partage. Le camp n'est pas une prison, c'est un lieu d'expiation. Les gardiens n'en sont pas les gardiens : ils en sont les prêtres. La mort n'est pas une punition, c'est un sacrifice qui viendra en temps et en heure.

Parfois, Youra a envie d'entrer dans leur danse en riant. De devenir le Diable avec eux ; mieux qu'eux. C'est là encore une idée, et les idées ne font que passer. Rien ne dure, avec la faim, avec le froid. La faim remplit tout, le froid te remplit de rien. La pensée disparaît, la force aussi. Il ne reste que les sifflets pour te dire de ne pas t'approcher des douves qui seules contiennent la liberté.

Parfois des images reviennent, des sensations, des sentiments. Mais elles sont sans couleur, sans texture, sans relief. Ces fameuses nuits avec Romanovitch, où il avait senti une fraternité vraie, du genre qu'on ne trahit pas. Il les a convoquées souvent. À présent, il les voit passer sans les reconnaître. Romanovitch ne lui est plus rien. Les camarades le tueront – ou pas. Il continuera ses petites affaires – ou peut-être pas. Qu'est-ce que ça peut bien faire ?

Choura est dans l'autre chambrée. On se croise sans se parler, parfois sans se reconnaître. Joseph Jospa est là lui aussi. Franklemon est arrivé en août ; ils l'ont attrapé. Ça aurait dû faire un coup au moral ; mais non. Youra se souvient encore de sa première semaine. Il revoit ces moments. Pour peupler les heures, en ce temps-là, il faisait surgir les livres, et les gens qui vivent dans les livres. Les personnages, les héros, il les imaginait ici, avec lui, comme l'aurait fait un enfant, pour être moins seul. Il se récitait des poèmes en imaginant qu'il tiendrait avec comme amie la poésie. Il se laissait envahir par des idées où il se perdait.

Et puis les jours ont passé.

51

Ils ont tué Choura la semaine dernière. Cette semaine ce sera son tour : Choura le 10 février, lui le 17 ; 17 moins 7 font bien 10, le compte est bon.

À présent Youra est à l'isolement, dans les profondeurs. Sans doute ont-ils peur que les condamnés à mort se sentent pousser des ailes et s'envolent pardessus les barbelés. Ou qu'ils se jettent contre les murs. Ou sur les gardes, avec des pierres tranchantes et l'idée de s'emparer de leurs armes et de viser les uniformes, un à un, comme au champ de foire.

La semaine dernière Youra a parlé avec Hugo, dix-neuf ans, de Charleroi. C'est la dernière personne avec qui il a mené un semblant de conversation. Le garçon avait encore de la vie, des réserves, car il venait d'arriver. Ses yeux brillaient. Il voulait dire à Youra que franchement, sincèrement, il aurait bien aimé faire un truc pareil, ah ça oui, il aurait bien aimé. Vraiment. Sincèrement. Ah, un truc pareil, ça te pose ton bonhomme, ça je peux te le dire.

Youra est assis, il regarde ce grand gamin et ses envies d'en découdre. Il remercie, qu'est-ce que tu veux faire ?

Sincèrement, lui et ses potes de Marcinelle, ils auraient bien aimé faire un truc pareil. Le coup du train... Franchement. Sincèrement. Youra a l'impression qu'on lui parle de quelque chose de très éloigné de lui. Puis tout à coup, Hugo se tait et le dévisage. Il se souvient que la mort est promise à Youra, assis là face à lui. Pas la mort accidentelle, ni celle des coups reçus, ni celle des douves : celle qui est programmée sur un papier en lettres gothiques. Alors il lui met la main sur l'épaule et il dit : « Tu sais, ils ont perdu. Ils sont finis. Tu le sais, ou pas ? » Youra sent encore la main peser sur son épaule. Très vite le garçon lui énumère les raisons : les Russes qui sont arrivés à l'ancienne frontière avec la Pologne, les Ricains qui remontent l'Italie « comme des chefs », et les camarades partout, ici, en France, en Hollande, qui sabotent et qui grignotent. « C'est fini. Tu le sais, ça ? Question de temps. »

Mais Hugo est loin. À présent, à l'isolement, Youra n'a plus rien à faire que ressasser. Si l'aumônier vient, il sera heureux de lui parler. Parce que tout l'a déserté. Ses méditations ne l'emmènent plus au pays de la pleine conscience : elles le ramènent toujours ici-bas. L'arrivée du néant, sans doute, qui se précise. Choura est mort, ça va être son tour, il n'y a plus de place pour l'artifice. Ni pour rien.

J'espère surtout ne pas avoir compromis trop de gens, pense Youra. Robert, et Pamplemousse, Jospa, Jacqueline, ses parents. Il se dit qu'il aurait pu rester en dehors de tout ça, pour sa mère, qu'elle ne perde qu'un fils. Choura avait commencé avant lui. Déjà il s'en veut de cette pensée tendre comme un roman pour jeune fille.

Si ça continue il va glisser sur la pente idiote des bons sentiments.

Il va mourir à Breendonk. Les choses sont ce qu'elles sont. Que dirait Saint-Ex ? Il trouverait une formule belle et vraie, imagée, il dirait qu'il faut vivre et que vivre… eh bien, parfois, vivre c'est mourir. En fonction des circonstances. Être un soldat… Pour faire passer la peine, comme une pilule, Youra se répète qu'il est, qu'il fut un soldat comme un autre. Des millions sont morts au combat quelque part, une balle, une seconde à peine, le corps qui pivote puis qui durcit, les heures suivantes, au contact du sol froid. Des millions de morts pour la cause. Des millions et lui. Bof. Cette pensée n'est pas très réconfortante. Qui essaie-t-il de berner ? Ils ont tué Choura la semaine dernière.

52

Voici la dernière nuit.

Être condamné à mort, ça te donne une supériorité rare, car tu sais. Alors que tous les autres doutent encore, à commencer par tes propres bourreaux. Tous les autres sont encore là avec des espoirs : la richesse, la gloire, les honneurs, le plaisir ; des projets, des *peut-être* et des *si jamais* qui remplissent tout en farandole. Toi tu sais, et tu vis des heures qui sont vraiment, absolument tiennes.

Pour Youra, cette dernière nuit ressemble à un air tsigane, à la fois triste et gai, qui s'accélère et qui ralentit, qui s'allonge et se raccourcit ; qui imite parfaitement la vie tout en se moquant d'elle, avec des accents de joie presque trop sublimes, des moments de peine atroces, l'envie de pleurer et puis, très vite, le besoin de rire.

Youra pensait que de grandes vérités lui apparaîtraient, au milieu de la peur et des doutes légitimes. Mais ce n'est pas ça. Les visages aimés ont presque disparu – Youra les invoque depuis des semaines, jusqu'à les avoir usés. Ce qui le tient, c'est cette musique qui véhicule des concentrés de vie difficiles à nommer. Très exactement ce qui est descendu sur lui dans la clairière, cet après-midi-là, la clairière, les tartines, la bière amère, et cette présence tout autour de lui qui se concentrait en cette jeune fille. Elle est là, la jeune Flamande aux radis, qu'il a emmenée sans un mot sous les arbres. Elle n'était même pas vraiment étonnée qu'il lui prenne la main, puis la taille, puis les seins, puis qu'il lui fasse l'amour au pied du tronc immense, à l'abri des regards et du monde. Elle était prête et consentante, active et heureuse, concentrée comme si ce qu'elle faisait était la chose la plus importante qui soit ; et ça l'était.

À présent, c'est cette chose-là qui remplit Youra, cette énergie imparable, qu'il ne faut pas nommer, qu'il ne faut pas analyser, mais à laquelle il faut se livrer, à laquelle il aurait dû se livrer plus souvent encore, avec Jacqueline, avec Malka, chaque fois que c'était là. Se laisser aller à la vie sous toutes les formes, d'abord et aussi le sexe et le désir. La vie traverse tout ; il faut s'en faire traverser. C'est la même vie qui est aussi dans l'insecte écrasé qui boitille encore et poursuit sa route ; dans le vieillard contrefait qui tend la main en espérant une pièce pour aller la boire ; dans Smolek, lorsqu'il vise le mur avec son visage ; dans la voix interdite de Billie Holiday qu'ils écoutaient quand même, sa voix interdite et rauque. C'est la même vie, il faut lui céder sans mesure.

Une seule chose est vraie : les instincts qui t'habitent, et auxquels tu cèdes. Leur céder est juste et bon, assumer son désir, prendre les filles par la main et les tirer à soi, sourire et rire et dire les choses ; danser, plaire, partir sous les arbres. Lui reviennent sans cesse à l'esprit la clairière, l'odeur puissante de la fille flamande, ses muscles et son envie, son impérieux besoin, sa complète absence de honte.

Son cœur s'arrête parfois d'un coup, et il doit se convaincre que c'est bien sa dernière nuit, pas une vue de l'esprit, la dernière. Un grand vide s'invite, un vertige, mais au lieu de le laisser seul et démuni, le vide se remplit chaque fois. Cet après-midi dans la clairière, la jolie Flamande. L'odeur de terre qui monte, les branches silencieuses au-dessus de lui, le visage beau et concentré de la fille, ses lèvres pincées, et les trous de lumière qui jouent sur sa joue soyeuse comme un fruit.

Le 17 février 1944 à 7 h 35 a été fusillé Youra Livchitz, médecin et terroriste. Le condamné a refusé le bandeau qu'on lui proposait. Il a demandé à être placé face à l'est, où le soleil allait se lever d'un instant à l'autre.

Régine Krochmal a été arrêtée une nouvelle fois à l'été 1944. Internée à Saint-Gilles, torturée à Breendonk, elle est ensuite ramenée à Malines, en cellule d'isolement. Le 4 septembre au petit matin, elle trouva la porte de sa cellule ouverte. Bruxelles était libre. Régine aussi.

Jean Franklemon, dit Pamplemousse, fut arrêté en août 1943 et envoyé à Breendonk, puis à Saint-Gilles. Déporté à Oranienbourg-Sachsenhausen, il survécut aux marches de la mort. Après la guerre, à Berlin, il devint musicien professionnel et fit carrière dans l'Orchestre national de la RDA.

Après la nuit du train, Robert Maistriau poursuivit ses activités de résistant. Averti par une voisine de la présence de la Gestapo chez lui, il prit le maquis dans les

Ardennes. Il participa à la Grande Coupure du 15 janvier 1944. Arrêté en mars, il fut déporté à Breendonk, puis à Buchenwald, où il resta treize mois, puis à Bergen-Belsen, d'où il fut libéré en avril 1945. Après la guerre, il partit s'installer au Congo.

Le 14 mai 1944, plus d'un an après leur évasion, Hinda et Mendelis Goldsteinas revirent leur fille Abela à Baugnies, près de Tournai. Cachés ensemble pendant sept semaines à la campagne, ils sont à nouveau séparés en juillet. Le 2 septembre, les Anglais libèrent Tournai. La famille est réunie définitivement le 4, et rentre à Bruxelles.

Octave Mondo et sa femme Angèle furent condamnés à mort en mars 1944 pour « aide à l'ennemi ». Octave fut exécuté en Allemagne, Angèle mourut à Ravensbrück. Condamnée à un an de réclusion avec sursis car elle était mineure au moment des faits, leur fille Jacqueline survécut à la guerre.

L'Obersturmführer Kurt Asche disparut en 1945 sous une fausse identité. Il fut retrouvé en 1975 par la traqueuse de nazis Beate Klarsfeld. Jugé en 1980, il ne fut condamné qu'à sept années de réclusion, « eu égard à son grand âge ». Il mourut en 1998.

Pierre Romanovitch, ou quel que soit son nom, fit l'objet d'un procès pour collaboration en 1946. Il disparut sans laisser de traces. Aujourd'hui, certains historiens sont convaincus qu'il avait bel et bien trahi et livré Youra Livchitz. Mais d'autres sont persuadés du contraire.

***

17 personnes identifiées sautèrent du wagon ouvert par Robert Maistriau. D'autres s'échappèrent : certains encouragés par l'attaque, d'autres qui avaient planifié leur évasion depuis des semaines. En tout, pas moins de 231 prisonniers sautèrent du 20e convoi avant qu'il atteigne l'Allemagne. 23 furent tués ou mortellement blessés. 95 furent repris et envoyés à Auschwitz.

153 vécurent.

Remerciements

Je remercie toutes celles et ceux, contemporains ou non, qui m'ont permis de me rapprocher de Youra, des autres personnages du roman, et de la Bruxelles de 1943.

Toute ma gratitude va à ma meilleure moitié, Emmanuelle Pirotte, qui m'a escorté ici comme toujours, avec exigence et bienveillance.

Merci également à toute l'équipe de Belfond, et particulièrement à mes éditrices, Céline Thoulouze et Pauline Ferney.

Éditions Belfond
12, avenue d'Italie
75013 Paris

Canada :
Interforum Canada, Inc.
1055, bd René-Lévesque-Est
Bureau 1100
Montréal, Québec, H2L 4S5

ISBN : 978-2-7144-8225-9
Dépôt légal : septembre 2019

Composition et mise en pages
Nord Compo à Villeneuve-d'Ascq

FSC
www.fsc.org
MIXTE
Papier issu de
sources responsables
FSC® C003309

Achevé d'imprimer en France
sur les presses de Jouve
1, rue du Docteur Sauvé, 53100 MAYENNE
N° d'impression : 2883097C